重庆工商大学学术专著出版基金资助项目(631915008)
重庆工商大学会计学院本科国际项目ACCA课程资源建设(62121501110)　资助
重庆工商大学高层次人才科研启动项目(950322020)
重庆工商大学教育教学改革研究项目(2024061)

杨钦皓 ◎ 著

季度经营信息披露对注册会计师审计的影响研究

The Research on the CPA Audit Impact of Quarterly Operating Information Disclosure

中国财经出版传媒集团
经济科学出版社
Economic Science Press
·北京·

图书在版编目（CIP）数据

季度经营信息披露对注册会计师审计的影响研究／杨钦皓著 . -- 北京：经济科学出版社，2025.6.
ISBN 978 - 7 - 5218 - 7095 - 4
Ⅰ. F239.22
中国国家版本馆 CIP 数据核字第 2025C3H568 号

责任编辑：杜　鹏　武献杰　张立莉
责任校对：郑淑艳
责任印制：邱　天

季度经营信息披露对注册会计师审计的影响研究

JIDU JINGYING XINXI PILU DUI ZHUCEKUAIJISHI
SHENJI DE YINGXIANG YANJIU

杨钦皓◎著

经济科学出版社出版、发行　新华书店经销
社址：北京市海淀区阜成路甲 28 号　邮编：100142
编辑部电话：010 - 88191441　发行部电话：010 - 88191522
网址：www.esp.com.cn
电子邮箱：esp_bj@163.com
天猫网店：经济科学出版社旗舰店
网址：http://jjkxcbs.tmall.com
固安华明印业有限公司印装
710×1000　16 开　12.75 印张　210000 字
2025 年 6 月第 1 版　2025 年 6 月第 1 次印刷
ISBN 978 - 7 - 5218 - 7095 - 4　定价：99.00 元
(图书出现印装问题，本社负责调换。电话：010 - 88191545)
(版权所有　侵权必究　打击盗版　举报热线：010 - 88191661
QQ：2242791300　营销中心电话：010 - 88191537
电子邮箱：dbts@esp.com.cn)

前言

从上海证券交易所（以下简称"上交所"）和深圳证券交易所（以下简称"深交所"）成立开始，经过30多年的建设，我国资本市场经历了快速发展，但信息环境不够透明仍是制约我国资本市场进一步发展的重要障碍。为了进一步推进市场化建设，提高资本市场的信息透明度，我国证券市场的监管策略逐步向"以信息披露为中心"转型。作为"为证券集中交易提供场所和设施""实行自律管理"的会员制法人机构，上海和深圳两大证券交易所在资本市场信息披露制度建设中承担着"一线监管"的职责。在"以信息披露为中心"的工作框架中，分行业信息披露指引便是证券交易所"依法、从严、全面"加强上市公司信息披露的力度和真实度的一项重要举措。从2013年开始，上海和深圳两大证券交易所开始试点推出各自的行业信息披露指引，要求上市公司进行契合行业特征的信息披露。值得注意的是，在上交所和深交所颁布的行业信息披露指引中，上交所对绝大多数行业提出了按季度（月份）披露经营信息的要求。

季度经营信息披露的核心是要求上市公司按季度（月份）定期披露企业报告期内切实的产销量、门店数量变动等重要经营信息，旨在提高上市公司信息披露的质量，帮助外部信息使用者更好地了解公司，从而改善资本市场信息环境。随着上交所行业信息披露指引的陆续发布，被要求披露季度经营信息的行业逐渐增多，上市公司披露季度经营信息导致了什么样的经济后果？特别地，作为保障资本市场信息质量的重要一环，上市公司披露的季度经营信息是否对审计师具有信息价值，能否以及如何影响审计师行为，同时这一信息披露政策的施行能否以及如何影响上市公司对外部审计的需求？这一系列问题值得系统分析与检验。为此，本书结合我国上市公司季度经营信息披露的现状，从审计师行为和上市公司审计需求两个视角，分析上市公司依据上交所行业信息披露指引的要求，按季度（月份）披露经营信息的经济后果，为证券交易所信息披露改革的推行提供经验证据的支持。

本书结合审计学、经济学、心理学的相关理论，利用规范分析与实证检验相结合的方法，研究季度经营信息披露对审计质量、审计收费以及审计师选择的影响。首先，本书对国内外相关文献进行了梳理，在总结前人研究成果的同时也为本书的研究奠定了基础，理论分析季度经营信息披露对审计师行为和客户公司审计需求产生影响的作用机理。其次，借鉴已有研究经验，本书构建了适合我国资本市场和制度环境的实证检验模型。最后，本书以我国A股上市公司为样本，构建实证检验模型，分别检验季度经营信息披露对审计质量、审计收费以及审计师选择的影响，最终形成具体的研究结论和启示。

本书实证检验了上市公司季度经营信息披露对审计质量的影响。实证结果显示：在其他条件相同的情形下，季度经营信息的披露有利于审计师提高审计质量。这意味着上市公司披露季度经营信息不但能为审计师提供有用的信息，从而设计并施行更具针对性的审计程序，而且促使审计师更加谨慎执业，降低对管理层操纵财务报表的容忍程度，进而提高审计质量。从应计盈余操纵方向看，季度经营信息披露对审计质量的提升作用在正向操纵盈余的公司中更为显著，这在一定程度上表明季度经营信息的披露促使审计师调低了对审计风险的容忍程度。从客户的经济重要性程度看，季度经营信息披露对审计质量的提升作用在经济重要性程度较高的客户公司中更为显著，这在一定程度上表明季度经营信息披露有利于缓和客户经济重要性对审计师执业行为的负面影响。从公司特征看，季度经营信息披露对审计质量的提升作用在代理冲突较低、外部信息环境较好的公司中更为显著，这在一定程度上表明季度经营信息披露对审计质量的提升作用受到企业内外部环境的制约。

本书实证检验了上市公司季度经营信息披露对审计收费的影响。实证结果显示：在其他条件相同的情形下，季度经营信息的披露促使审计收费显著降低。这意味着季度经营信息的披露一方面向审计师提供了增量信息，从而降低了审计师的信息收集成本，提高了审计效率；另一方面抑制了管理层操纵财务信息的动机，降低了财务报表的重大错报风险，从而减少了审计风险溢价。从审计师专业胜任能力看，季度经营信息披露对审计收费的降低作用在审计师不具备行业专长的公司中更加显著，这在一定程度上表明季度经营信息的披露能够帮助审计师有针对性地设计和执行恰当审计程序，提高审计效率。从审计议价能力看，季度经营信息披露对审计收费的降低作用在"小所"中更加显著，这在一定程度上表明季度经营信息披露改善了上市公司的信息披露环境，降低了审计风险水平，提高了客户公司的审计议价能力。从融资约束程度看，季度经营信息披露对审计收费的降低作用在融资约束程度较高的公司中更加显著，这在一定程度上表明季度经营信息披露有利于缓和企业出于融资约束操纵财务报表致使的企业内外部信息差异。从外部信息环境看，季度经营信息披露对审计收费的降低作用在外部信息环境较差的公司中更加显著，这在一定程度上表明季度经营信息披露能够缓和外部信息环境对审计师信息收集和审计风险水平的不利影响。会计信息质量在季度经营信息披露与审计收费之间起到部分中介作用。

　　本书实证检验了上市公司季度经营信息披露对审计师选择的影响。实证结果显示：在其他条件相同的情形下，季度经营信息的披露促使上市公司选择声誉良好的审计师。这意味着季度经营信息披露改变了公司面临的监管环境、投资者监督环境，从而提高了上市公司对信息披露质量以及向资本市场传递"优质"信号的需求，进而促使上市公司选择高质量审计师。从产权性质看，非国有企业披露季度经营信息更能提高对高质量审计的需求。从代理冲突看，代理成本较低的公司披露季度经营信息更能提高对高质量审计的需求。从独立董事治理能力看，独立董事网络中心度较高的公司披露季度经营信息更能提高对高质量审计的需求。从地区法治环境看，所处地区法治环境较好的公司披露季度经营信息更能提高对高质量审计的需求。会计信息质量在季度经营信息披露与会计师事务所类型之间起到部分中介作用。

　　本书研究的意义主要体现在以下几个方面：第一，为我国证券交易所持续推进资本市场信息披露改革提供了重要启示。行业信息披露指引的颁布与施行是我国证券交易所"依法、从严、全面"加强上市公司信息披露的力度和真实度的一个重要举措。作为行业信息披露指引的重要组成部分，上市公司披露季度经营信息是否具有增量信息价值，从而弥合公司内外信息差异呢？本书从审计的视角对此进行了研究，为政策制定者综合评估季度经营信息披露的成效提供了依据，有利于健全、引导和落实上市公司信息披露政策，改善我国资本市场信息环境。第二，从上市公司信息披露角度为审计质量、审计收费和审计师选择领域的研究提供了增量文献贡献。本书以上交所颁布和施行的行业信息披露指引中对季度经营信息披露的要求为研究契机，检验上市公司披露季度经营信息对审计质量、审计收费和审计师选择的影响，从而探析上市公司信息披露环境的改变对审计师执业行为和客户公司审计需求的影响，以期为相关领域的研究提供些许有益参考。第三，为监管机构规范审计师行为提供有益参考。深刻认识季度经营信息披露对审计师行为的影响，有利于监管机构锚定资本市场信息披露改革中可能对审计师产生影响的潜在领域，进而在政策制定和执行过程中能够更具针对性地引导和规范审计师的执业行为。

杨钦皓

2025 年 5 月

目录

第1章 绪论 …………………………………………………………（1）

  1.1 研究背景与研究意义 ………………………………………（1）

  1.2 研究思路与方法 ……………………………………………（4）

  1.3 研究内容与创新 ……………………………………………（6）

第2章 文献综述 ……………………………………………………（10）

  2.1 客户公司特征与审计质量 …………………………………（10）

  2.2 客户公司特征与审计收费 …………………………………（16）

  2.3 客户公司特征与审计师选择 ………………………………（20）

  2.4 文献评述 ……………………………………………………（24）

第3章 制度背景与理论基础 ………………………………………（27）

  3.1 上交所行业信息披露指引 …………………………………（27）

  3.2 深交所行业信息披露指引 …………………………………（33）

  3.3 理论基础 ……………………………………………………（37）

  3.4 季度经营信息披露对注册会计师审计影响的机理分析 …（45）

第4章 季度经营信息披露对审计质量的影响 ……………………（52）

  4.1 引言 …………………………………………………………（52）

  4.2 理论分析与研究假设 ………………………………………（54）

4.3 研究设计 …………………………………………………（58）
4.4 实证结果和分析 …………………………………………（61）
4.5 进一步分析 ………………………………………………（64）
4.6 稳健性检验 ………………………………………………（75）
4.7 本章小结 …………………………………………………（89）

第5章 季度经营信息披露对审计收费的影响 ………………（91）

5.1 引言 ………………………………………………………（91）
5.2 理论分析与研究假设 ……………………………………（92）
5.3 研究设计 …………………………………………………（95）
5.4 实证结果和分析 …………………………………………（98）
5.5 进一步分析 ………………………………………………（101）
5.6 稳健性检验 ………………………………………………（113）
5.7 本章小结 …………………………………………………（124）

第6章 季度经营信息披露对审计师选择的影响 ……………（127）

6.1 引言 ………………………………………………………（127）
6.2 理论分析与研究假设 ……………………………………（128）
6.3 研究设计 …………………………………………………（131）
6.4 实证结果和分析 …………………………………………（133）
6.5 进一步分析 ………………………………………………（136）
6.6 稳健性检验 ………………………………………………（148）
6.7 本章小结 …………………………………………………（161）

第7章 研究结论和政策建议 …………………………………（164）

7.1 研究结论 …………………………………………………（164）
7.2 政策建议 …………………………………………………（170）

参考文献 …………………………………………………………（177）

第1章

绪　　论

1.1　研究背景与研究意义

1.1.1　研究背景

经历 30 多年的发展,上海证券交易所和深圳证券交易所不断壮大,在我国金融体系内扮演着越来越重要的角色[①]。在社会总资产结构之中,随着股票、债券等证券资产占比的迅猛攀升,证券业对于国民经济的重要性日益凸显,我国长期以来以银行业为主导的金融体系逐步向银行业与证券业并重的金融体系转变。然而与证券业蓬勃发展相对的是,我国投资者保护机制的建设还比较滞后,难以在体量日益增长、业务日益复杂的证券市场中向投资者尤其是中小投资者提供适宜的保护。在证券市场中,交易的标的是某项未来收益的索取权,这就意味着投资者只有获取了充分、及时、准确的信息,才能作出恰当的投资决策,可以说资本市场不仅仅是资金市场,更是信息市场。上市公司信息披露的质量对于资本市场的长远发展至关重要。事实上,资本市场中的经济行为主体之间客观存在着信息不对称,同时也难以仅依靠市场机制予以解除,即便是市场化程度较高、法律体系较完善、投资者保护机制较健全的美国资本市场中,仍频频爆发财务丑闻[②]。因此,在推动我国资本市场深入实施市场化改革的过程中,探索出适宜我国资本市场实际情况且能有

[①] 上海证券交易所成立于 1990 年 11 月 26 日,深圳证券交易所成立于 1990 年 12 月 1 日。
[②] 如雷曼兄弟 500 亿美元变相贷款事件、安然财务造假事件等。

效缓和资本市场经济行为主体之间信息不对称程度的监管体系是一个亟须解决的重大问题。

为了缓和经济行为主体之间的信息不对称程度，深入推动市场化改革，提高资源配置效率，我国证券市场监管者开始推行"以信息披露为中心"的监管改革策略。作为"为证券集中交易提供场所和设施""实行自律管理"的会员制法人机构，我国上海和深圳两大证券交易所在资本市场信息披露制度建设中承担着"一线监管"的职责。并且随着新修订的《证券交易所管理办法》于 2021 年的正式实施，我国证券交易所的上述职责有了更加坚实的制度保障。作为"一线监管"的主体，通过与上市公司签订《证券上市协议》以及按照《中华人民共和国证券法》《证券交易所管理办法》等相关法律和行政授权，我国证券交易所不仅具有审核、安排、决定终止证券上市或者转让的职能，更是有"组织、监督证券交易""管理和公布市场信息"的责任和权力。为了更好地完善我国资本市场信息披露建设的相关工作，上海和深圳两大证券交易所也在尝试监管方式转型。在"以信息披露为中心"的工作框架中，行业信息披露指引的制定与施行就成为证券交易所"依法、从严、全面"加强上市公司信息披露的力度和真实度的一个重要机制。

从 2013 年开始，上海和深圳两大证券交易所开始试点推出各自的行业信息披露指引，要求上市公司进行契合行业特征的信息披露。在上交所和深交所的行业信息披露指引中，不仅规范了年度报告的行业信息披露，还对临时公告的内容和格式提出了要求。本书研究的上交所对上市公司提出的季度经营信息披露要求出现在临时公告中按季度（或按月份）披露的信息中。

截至 2019 年 1 月，上交所陆续发布了 28 号行业信息披露指引，除了第 1 号是一般规定外，其余 27 号共涉及 27 个行业。在 27 个行业信息披露指引中，绝大多数行业信息披露指引都强制要求上市公司按季度（或按月份）披露生产经营信息。这无疑会带来信息环境的变化，不仅使上市公司的经营情况按季度出现在公众面前（大多数按季度披露），还使经营情况动态地展示出来。相对应地，深交所施行了两套行业信息披露指引，一套属于普适性行业信息披露指引，另一套专门适用于创业板上市公司。深交所在 2013 年 1 月就开始颁布行业信息披露指引。将深交所与上交所的行业信息披露指引进行比较可以发现，深交所的行业信息披露指引所覆盖的行业较少，同时创业板的行业分类更多的是突出新业务特色而非证监会的行业分类；更重要的是，绝大多数行业信息披露指引中并没有强制要求按季度披露经营信息。即使少数行业被鼓励按季度对经营信息进行披露，本书在收集数据时发现，自愿披露经营信息的深交所上市公司十分罕见。可见，对于相同的行业，上交所和深交所的上市公司存在一个有趣的外生性信息披露差异，即上交所的一些上市公司需要按季度披露关于产销量的经营信息，而深交所的上市公司则没有这样的强制要求。那么，上交所上市公司依据适用的行业信息披露指引的要求，按季度披露经营信息是否具有重要的经济价值，特别地，能否对审计师产生重要的影响？从注册会计师审计的视角，研究上市公司季度经营信息披露的经济后果，有利于监管机构和政策制定者综合评估我国资本市场信息披露改革的成效。

1.1.2 研究意义

本书基于我国资本市场信息披露改革的现实背景，以上海证券交易所行业信息披露指引中对季度经营信息披露的要求为研究契机，实证检验了季度经营信息披露对注册会计师审计的影响，具有以下重要的研究意义。

1. 理论意义

首先，构建了季度经营信息披露影响审计师行为和客户公司审计师选择决策的理论框架。本书借助委托代理理论、信息不对称理论、声誉理论和保险理论分析了上市公司披露季度经营信息对审计师行为、客户公司审计师选择决策产生影响的作用机理与逻辑框架，从审计角度为季度经营信息披露的经济后果研究提供了理论支撑。

其次，拓展了资本市场信息披露改革的相关研究。随着我国资本市场的深入发展，提高资本市场的信息透明度成为资本市场改革与监管的重点，相应地，我国证券市场的监管策略开始逐步向"以信息披露为中心"转型。在此背景下，上交所和深交所分别开始推行各自的行业信息披露监管政策。本书以上交所行业信息披露指引中对季度经营信息披露的要求为研究契机，利用沪深两市A股上市公司数据，实证检验季度经营信息披露对审计质量、审计收费以及客户公司审计师选择决策的影响，有助于从审计角度拓宽我国资本市场信息披露改革的文献研究。

最后，丰富了审计师行为与客户公司审计师选择决策影响因素方面的研究成果。本书研究发现，上市公司披露季度经营信息之后，审计质量显著提高、审计收费显著降低，并且上市公司倾向于选择高质量的审计师。从监管改革与非财务信息披露层面，为探讨审计师行为和客户公司审计师选择决策的影响因素提供了经验证据，丰富了相关领域的研究成果。

2. 现实意义

首先，为我国证券交易所持续推进资本市场信息披露改革提供了重要启示。行业信息披露指引的颁布与施行是我国证券交易所"依法、从严、全面"加强上市公司信息披露的力度和真实度的一个重要举措。为帮助信息使用者更好地理解公司经营状况，行业信息披露指引的一个重要方面就是对经营信息披露的要求与规范，其中值得注意的是，上交所发布的绝大多数行业信息披露指引均要求上市公司按季度（或月份）披露经营信息。上市公司披露季度经营信息是否具有增量信息价值，从而弥合公司内外部信息差异？本书的研究为政策制定者综合评估季度经营信息披露的成效提供了依据，有利于健全、引导和落实上市公司信息披露政策，改善我国资本市场信息环境。

其次，为监管机构规范审计师行为提供有益参考。深刻认识季度经营信息披露对审计师行为的影响，关注审计师为披露了季度经营信息的客户提供审计服务时审计执业行为的变化，从而有利于监管机构瞄准资本市场信息披露改革中可能对审计师产生影响的潜在领域，进而在政策制定过程中能够针对性地控制对审计师执业结果的潜在不利影响，在政策实施过程中能够针对性地引导和规范审计师的执业行为。

最后，为公司非财务信息的披露能够改善财务信息质量提供佐证。上市公司各类信息之间的相互作用愈发受到投资者、监管者的关注，本书考察上市公司季度经营信息披露对审计师这一财务信息质量的守门员的影响，从审计师的视角提供了非财务信息能否以及如何影响财务信息质量的经验证据。为提高上市公司财务信息质量提供了新思路。

1.2 研究思路与方法

1.2.1 研究思路

本书遵循以现有文献为基础，以逻辑推导为铺垫，以实证结果为证据的研究思路，围绕上市公司季度经营信息披露的经济后果这一主题展开。具体而言，首先，在综述已有研究成果的基础上，介绍证券交易所制定和实施行业信息披露指引的背景，阐述季度经营信息披露影响审计师行为与客户公司审计师选择决策的理论基础、逻辑框架；其次，利用我国上市公司数据，实证检验上市公司季度经营信息披露对审计质量、审计收费以及审计师选择的影响；最后，根据研究结论提出政策建议。具体研究思路如图 1-1 所示。

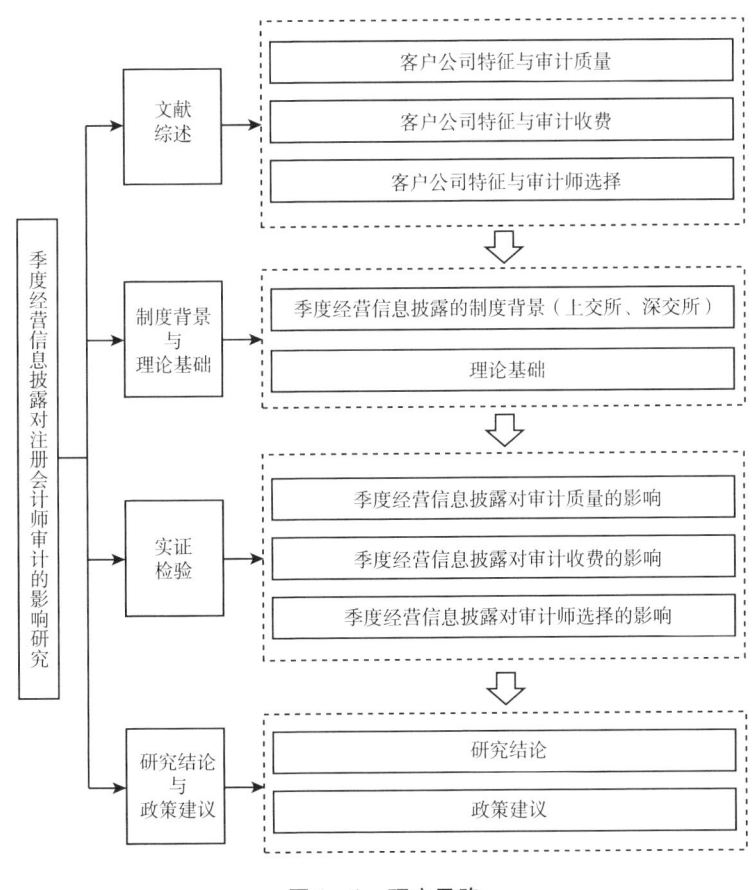

图 1-1　研究思路

1.2.2　研究方法

本书采用了文献研究、演绎推理以及实证研究等方法。

第一，文献研究法。文献研究法是通过收集、整理和归纳已有文献资料，认知相关领域与话题的研究方法。本书紧扣季度经营信息披露对注册会计师审计的影响这一研究主题，围绕从审计质量、审计收费以及审计师选择这三个方面的影响因素，进行文献检索、梳理与归纳，为本书研究提供了文献基础与思路借鉴。

第二，演绎推理法。所谓演绎推理，强调从一般性的前提出发，通过进行推导、演绎，得出具体陈述或个别结论的研究过程与方法。本书从委托代理理论、信息不对称理论、声誉理论和保险理论等经济学、管理学、审计学、心理学的基础理论出发，通过层层推导与演绎，分析上市公司季度经营信息披露对审计质量、审计收费以及审计师选择的影响机制与作用路径。

第三，实证研究法。实证研究法是一种常用的研究方法，旨在通过构建数学模型对经验数据进行分析，并验证研究假设的过程。本书利用我国A股上市公司数据，通过建立双重差分模型，科学地选择解释变量、被解释变量和控制变量，分别检验上市公司季度经营信息披露对审计质量、审计收费以及审计师选择的影响。具体采用的研究方法包括描述性统计、倾向得分匹配法（PSM）、多元线性回归等。

1.3 研究内容与创新

1.3.1 研究内容

本书基于我国证交所行业信息披露改革的制度背景，从注册会计师审计的角度，探究上市公司披露季度经营信息的经济后果。本书共七章，各章的具体研究内容安排如下。

第1章，绪论。本章主要介绍本书的研究背景与研究意义，明确研究问题与研究目标，阐述研究方法与技术路线，提出研究的创新点与潜在贡献，为全书奠定基础。通过对研究主题的背景、问题、方法、意义和创新点进行系统论述，为后续章节的深入探讨提供逻辑铺垫。

第2章，文献综述。本书从公司内部特征、公司外部市场环境以及制度环境方面对影响审计质量的研究文献进行了梳理；从公司内部特征、公司外部市场环境以及制度环境方面对影响审计收费的研究文献进行了梳理；从公司内部特征、公司外部市场环境以及制度环境方面对影响审计师选择的研究文献进行了梳理。并结合已有研究进行文献述评，为本书的研究提供了文献基础与方法借鉴。

第3章，制度背景与理论基础。在制度背景部分，根据行业信息披露指引发布的批次分别介绍了上交所和深交所发布的行业信息披露指引的基本情况，并着重关注各项行业信息披露指引是否要求上市公司披露季度经营信息以及要求季度经营信息披露的内容。在理论基础部分，利用委托代理理论、信息不对称理论、声誉理论和保险理论，从注册会计师审计的角度，阐述季度经营信息披露之经济后果的理论基础、分析框架，为后续研究提供了理论支撑。

第4章，季度经营信息披露对审计质量的影响。首先，基于证券交易所行业信息披露改革的背景，利用上交所行业信息披露指引中对季度经营信息披露的要求这一研究契机，借助 2012~2020 年 A 股上市公司样本数据，通过双重差分法构建回归模型，探究上市公司披露季度经营信息对审计质量的影响。其次，考察季度经营信息披露与审计质量之间的关系是否受到盈余管理方向、客户公司对审计师的经济重要性、客户公司代理冲突以及外部信息环境的影响。

第5章，季度经营信息披露对审计收费的影响。首先，基于证券交易所行业信息披露改革的背景，利用上交所行业信息披露指引中对季度经营信息披露的要求这一研究契机，借助 2012~2020 年 A 股上市公司样本数据，通过双重差分法构建回归模型，探究上市公司披露季度经营信息对审计收费的影响。其次，考察季度经营信息披露与审计收费之间的关系是否受到审计师行业专长、会计师事务所规模、融资约束程度以及外部信息环境的影响。

第6章，季度经营信息披露对审计师选择的影响。首先，基于证券交易所行业信息披露改革的背景，利用上交所行业信息披露指引中对季度经营信息披露的要求这一研究契机，借助 2012~2020 年 A 股上市公司样本数据，通过双重差分法构建回归模型，探究上市公司披露季度经营信息对审计师选择的影响。其次，考察季度经营信息披露与审计师选择之间的关系是否受到企业产权性质、代理冲突、独立董事治理能力以及地区法治环境的影响。

第7章，研究结论和政策建议。根据本书研究结论，结合我国资本市场信息披露改革现状，为政策制定者制定有效的信息披露政策以及资本市场监管者管理与规范上市公司的信息披露行为，以促进我国资本市场信息环境的持续改善，提出与我国经济环境、制度背景以及上市公司信息披露实践相吻合的意见与建议。

1.3.2 研究创新

本书的研究创新主要体现在数据选择、研究视角以及研究内容这三个方面。

第一，本书系统检验了季度经营信息披露对审计师行为和客户公司审计师选择决策的影响，研究视角新颖。一方面，考察上市公司季度经营信息披露的经济后果的实证研究尚且较少，且大多是以公司行为作为研究视角，鲜有基于审计师行为的研究。本书选择注册会计师审计研究领域的两个核心问题——审计质量和审计收费，检验客户公司季度经营信息披露对审计师行为的影响，有助于从注册会计师审计视角丰富季度经营信息披露之经济后果的文献研究。另一方面，已有的季度经营信息披露对公司行为的影响研究，尚且缺乏从审计师选择决策视角展开的研究。本书以审计师选择决策为切入点，考察季度经营信息披露对公司行为的影响，有助于为现有研究提供补充。

第二，本书考察了上市公司遵循适用的上交所行业信息披露指引的要求，按季度披露经营信息对审计师执业行为和客户公司审计师选择决策的影响，在数据选择方面存在一定的创新。本书利用我国上市公司 2012～2020 年的数据，手工筛查上交所各批次行业信息披露指引发布前后各两年的沪深两市相关行业 A 股上市公司的临时公告和季度财务报告，确定各家上市公司披露季度经营信息的实际情况。在详细统计上市公司是否遵循适用的行业信息披露指引的要求对季度经营信息进行披露的基础上，构建双重差分模型实证检验季度经营信息披露对审计师行为、客户公司审计师选择决策的影响，为我国资本市场信息披露改革补充来自注册会计师审计视角的经验证据。

第三，本书深入挖掘了季度经营信息披露对审计师行为和客户公司审计师选择决策的影响机制与作用路径，在研究内容方面具备一定的创新。首先，目前基于注册会计师审计的视角考察季度经营信息披露的经济后果的文献研究尚且较少，本书以审计质量为切入点对此展开研究，并进一步探讨盈余管理方向、客户公司对审计师的经济重要性程度、客户公司内部代理冲突以及外部信息环境的差异对季度经营信息披露与审计质量之间关系的影响。其次，目前鲜有文献研究季度经营信息披露对审计收费的影响，本书对该问题的研究有利于更为全面地理解季度经营信息披露对审计师执业行为的影响。再次，目前还未有文献研究季度经营信息披露对客户公司审计师选择决策的影响，本书对该问题的研究可以丰富相关领域的研究文献。最后，本书的研究结论可以为监管者、审计师以及投资者提供一些有益的参考和借鉴。

第 2 章

文献综述

2.1 客户公司特征与审计质量

会计师事务所作为向上市公司财务报表提供鉴证服务的独立第三方,其审计服务质量的优劣关系到整个行业的生存与发展。德安吉洛(DeAngelo,1981)指出,审计质量是审计师发现被审计单位的会计系统存在虚假陈述等违规现象并如实报告违规现象的联合概率。外部信息使用者可以通过考察财务报表和审计报告的可靠性和客观性对审计质量进行评估(张龙平,1994)。学者们普遍认为,审计质量取决于审计供给方的专业胜任能力和审计需求方的真实意愿,同时制度环境影响审计供需双方对高质量审计的追求(DeFond and Zhang,2014)。因此,除审计师的专业胜任能力外,客户公司的特征以及客户公司所处的监管环境同样也是决定审计质量的重要因素。结合本书研究主题,上市公司季度经营信息披露这一上交所施行的信息披露监管政策改革导致的公司信息披露行为和环境的变化,下面主要从公司内部特征、公司外部市场环境以及监管环境三个方面对审计质量的影响因素进行归纳和梳理。

2.1.1 公司内部特征与审计质量

客户公司对高质量审计的需求以及客户公司内部治理制度的完善程度在很大程度上取决于客户公司的内部特征,因此,公司内部特征是影响审计质量的重要因素。一方面,公司特征在很大程度上决定了客户公司对高质量审计的需求,客户公司对高质量审计的需求程度越高,不但越可能为审计师提供良好的审计环境，积极配合审计师的工作，有利于审计师获取相关的信息和接触相关的人员，从而提高审计师获取审计证据的质量以及效率。而且越可能约束管理层的机会主义行为，缓和审计师与管理层之间意见不一致时遭受解聘的风险，保障审计师在执业过程中的独立性，进而有利于审计师高质量地开展审计工作。另一方面，公司内部特征在很大程度上决定了企业内部治理制度的完善程度，完善的企业内部治理制度不但能够在一定程度上提高企业会计信息系统的质量，从而提高来源于企业内部审计证据的可靠性，进而有利于审计质量的提高，而且完善的内部治理制度能够为审计师提供良好的审计环境，降低管理层对审计工作的干扰，甚至在管理层与审计师出现重大意见分歧时能够在一定程度上缓和审计师被解约的压力，从而不但有助于审计工作的顺利执行，并且有助于保持审计师的独立性，进而能够保障审计服务的质量（McMullen，1996；Hampel，1998；Caxcello and Neal，2003；肖作平，2006；余宇莹和刘启亮，2007）。现有研究主要从企业治理层特征、企业股东特征和企业经营特征的角度探讨客户公司内部特征对审计质量的影响。

部分学者从企业治理层特征的角度，考察公司内部特征对审计质量的影响。杜钦等（Duchin et al.，2010）从董事会独立性的角度探讨了公司内部特征对审计质量的影响，发现董事会中较高的独立董事占比能够有效提升董事会决议的独立性，从而能在一定程度上缓和管理层自利行为对审计师的不利影响，进而有利于保障审计质量。王裕和任杰（2016）从董事的个人背景特征为切入点，研究独立董事的海外背景对审计质量的影响，发现海外背景独立董事更偏好高质量的审计服务，有利于保障审计质量。周泽将和汪帅（2019）以中国特有的纪委参与董事会治理来衡量董事会权威性，检验企业内部监督机制对审计质量的影响，发现董事会权威性能够显著提高企业财务报表的审计质量。

部分学者从企业股东特征的角度，考察公司内部特征对审计质量的影响。由于国有股权可能导致更严重的代理问题（Wang et al.，2008），并且高质量审计在资本市场中降低客户公司融资成本的功效能够被国有股东有效替代（Brandt and Li，2003；王兵等，2009），因此，学者们大多认为国有股权比例越高，客户公司对高质量审计的偏好越低，不利于审计师提供高质量的审计服务（孙铮和曹宇，2004；王成方和刘慧龙，2014；Lin and Liu，2009）。步丹璐和屠长文（2017）考察了境外股东这一特殊的公司股东特征对审计质量的影响，研究发现，由于境外股东尤其是境外机构投资者具有较强的独立性、信息挖掘与分析能力、财务专长，并且参与公司治理的意愿较为强烈，因此，外资持股能够促使公司建立较为完善的内部治理机制，从而不但能够在一定程度上约束管理层操纵财务报表的机会主义行为，而且能够为审计师提供良好的审计环境，进而有助于提高审计质量。

部分学者从企业经营特征的角度，考察公司内部特征对审计质量的影响。崔钟鹤等（Choi et al.，2012）对企业多元化这一经营特征与审计质量之间的关系进行研究，发现客户公司多元化程度的提高会削弱审计师的信息优势，导致审计师对客户公司的了解难以进一步深入，对审计程序的设计和实施产生了阻碍，从而在一定程度上影响了审计质量。万红波和贾韵琪（2018）以母子公司地理距离为切入点，考察客户公司地理经营特征与审计质量之间的关系，发现母子公司地理距离越远，母公司越难有效控制和监督子公司，从而子公司管理层从事机会主义行为的空间就越大，财务报表中隐含的重大错报就越多，进而越可能对审计质量产生不利影响。徐经长和汪猛（2017）基于风险导向审计理论展开对企业创新投入的研究，发现审计师注重从战略以及经营等环节综合评估客户公司面临的经营风险，对客户公司创新投入较多的领域投入更多的审计资源，进而提高审计质量。董小红和孙文祥（2021）探讨了企业金融化与审计质量之间的关系，研究发现，企业金融化会提高审计工作的复杂程度、财务报表的潜在重大错报风险以及经营风险，从而增加了审计师面临的审计风险，进而损害审计质量。

2.1.2 公司外部市场环境与审计质量

外部市场环境是市场经济主体赖以生存和发展的土壤，市场经济主体都是在特定的市场环境下展开的经济活动，其行为必然受到外部市场环境的影响，同时某一特定主体的行为也会受到外部市场中其他主体行为的影响。不仅客户公司的经营风险、内部治理体系、财务业绩目标以及审计需求受到企业所处的外部市场环境的影响，而且审计师的执业行为和执业结果同样深受外部市场环境的影响。现有研究主要从外部市场整体环境特征和外部其他主体行为特征的角度探讨客户公司外部市场环境对审计质量的影响。

部分学者从外部市场整体环境特征的角度，考察公司外部市场环境对审计质量的影响。改革开放以来，我国市场经济发展迅速，但各地区之间的市场化发展程度存在较大的差异，因此，在市场化程度较不均衡的背景下，企业和审计师的行为特征存在较大差异（LaPorta，1990）。孙铮和于旭辉（2007）基于我国市场化发展水平研究市场化程度对国有上市公司审计需求的影响，发现在市场化程度较高的地区，代理层级越多的国有企业对审计质量的要求越高。相应地，客户公司所在地的市场化程度越高，审计师执业过程中受到的外部干扰便越少，出具的审计报告以及发表的审计意见便越客观、公允，从而审计质量越高（陈小林，2007）。法律环境在很大程度上决定了审计师发生审计失败时遭受的诉讼风险，因此，能够对审计师的执业行为产生重要影响（Choi and Wang，2007；雷光勇和范蕾，2009）。弗朗西斯等（Francis et al.，2002）研究发现，在法律制度较不完善的国家中，对中小投资者的保护力度较弱，代理问题较为突出，公司管理层对高质量审计的需求较低。白云霞等（2009）基于我国各地区法律发展水平的差异对法律环境与审计质量之间的关系进行了探析，发现法律环境越好，审计师受到的职业约束越高，在此情景下审计师为维持良好的市场声誉，控制监管和诉讼风险有强烈的动机提供高质量的审计服务。此外，政府对企业行为的干预程度也会对审计质量产生影响。张梅（2011）通过对比客户公司聘请本地审计师与异地审计师导致的审计质量差异，探析政府干预对审计质量的影响，研究发现，由于地方政府能够帮助审计师保留和发展客户，因此，本地审计师即便具有信息优势但受制于地方政府的干预，易于向本地客户公司管理层妥协，有损审计质量。

部分学者从外部其他主体行为特征的角度，考察公司外部市场环境对审计质量的影响。随着信息化浪潮的深入发展，媒体对市场经济参与者的影响愈发受到社会各界的关注。上市公司和审计师作为市场经济的重要参与者，媒体必然对他们的行为产生重大影响。媒体具有信息传播和扩散功能，上市公司的相关信息通过媒体报道传递给审计师和其他市场经济行为主体，一是有助于审计师更好地了解被审计单位，通过提高审计效率，从而提高审计质量；二是媒体对客户公司的负面报道可能引发更为剧烈的市场反应，增加了审计师遭受民事诉讼和监管处罚的可能性，为了降低风险和维护声誉，审计师具有提高审计质量的强烈动机；三是媒体对上市公司正面评价越高，审计师的风险感知越偏向于正面，从而审计师的风险容忍度会增加、审计执业过程中的谨慎性会降低、更容易满足于不充分不适当的审计证据，从而审计质量越低（Joe，2003；刘启亮等，2013；张龙平和吕敏康，2014；周兰和耀友福，2015；吕敏康和冯丽丽，2017）。我国上市公司中存在一定数量的交叉上市公司。对于交叉上市公司而言，其还必须适应交叉上市地的法律制度、投资者保护机制、信息披露要求等对财务报表具有重大影响的因素，因此，交叉上市影响客户公司和审计师的行为。王猛和谭丽莎（2010）利用我国A+H股上市公司数据实证检验交叉上市对审计质量的影响，研究发现，由于A+H股上市公司需要遵循双重报告和双重审计制度，因此，审计师在执业过程中保持了更高程度的谨慎性，从而审计质量更高。田高良等（2017）同样探析了A+H股交叉上市与审计质量之间的关系，发现即便双重审计政策取消之后，H股审计师由于面临较为严格的监管要求、较高的诉讼风险、较完善的投资者保护机制不得不提供高质量的审计服务，A股审计师受到该客户公司H股审计师的积极影响，从而间接受到中国香港资本市场较为严格的制度约束，进而促使A股审计师提高审计质量。

2.1.3 监管环境与审计质量

近年来，我国市场经济取得了长足的发展，但法律制度和投资者保护机制仍需进一步完善，行政监管制度在规范市场经济主体的行为，促进资本市场的健康发展方面发挥重要作用。为保障投资者的权益，促进资本市场长远健康发展，作为资本市场重要参与者的上市公司和审计师，其行为必然受到监管制度的制约和规范。现有研究主要从注册会计师审计相关监管制度和资本市场相关监管制度的角度探析监管环境对审计质量的影响。

部分学者从注册会计师审计相关监管制度的角度，考察监管环境对审计质量的影响。在转制政策的推动下，会计师事务所转制为特殊普通合伙制企业后，合伙人面临的法律责任得到加强。由于审计师个人法律风险水平的提高，审计师在执业过程中的不当行为将引发更为严重的经济后果，因此，会计师事务所转变为特殊普通合伙制企业后，会促使审计师审慎执业，保持高水平的独立性，从而有利于提高审计服务质量（DeFond，2012；刘行健和王开田，2014）。一方面，增加关键审计事项的披露可能会增加审计师感知的对财务报表使用者的责任；另一方面，关键审计事项对审计师提出了披露更多审计细节的要求，这增加了信息使用者和监管者发现审计师在审计执业过程中的不当行为的可能性，因此，增加了审计师向管理层妥协的难度，促使审计师在审计执业过程中保持较高水平的独立性和职业怀疑，有利于提高审计服务的质量（Reid et al.，2016）。杨明增等（2018）基于关键审计事项准则实施的现实背景考察了注册会计师审计相关制度变革对审计质量的影响，研究发现，关键审计事项准则不但增强了客户公司治理层与审计师沟通的意愿，有利于在财务信息质量方面更好地发挥治理层的监督功效，从而更好地限制管理层过激的会计处理行为，而且提高了审计师面临的法律风险水平，促使审计师在审计执业过程中勤勉尽责，保持高水平的独立性，进而有利于审计服务质量的提高。

部分学者从资本市场相关监管制度的角度，考察监管环境对审计质量的影响。资本市场监管制度也会对审计质量产生影响，融资融券制度提高了审计师面临的法律风险，致使审计师降低了对上市公司盈余管理的容忍度，从而有利于提高审计质量（张洪辉和章琳一，2017；刘艳霞等，2020）。黄溶冰（2020）对企业环境信息披露制度进行了研究，发现企业在公开环境信息的过程中粉饰环境业绩会致使审计师受到客户印象管理行为的影响，降低对客户公司整体的经营风险评估水平，影响审计师对客户公司重大错报风险的评估结果，从而损害审计质量。陈运森等（2018）对监管问询制度进行了研究，发现外部信息使用者会提高对受函企业的关注度，从而增加审计师面临的声誉风险和诉讼风险，促使审计师增加审计投入以控制审计风险，从而提高审计质量。朱晓文和王兵（2016）考察了审计署对国有企业二次审计与注册会计师审计质量之间的关系，研究发现，由于审计署在对国有企业审计过程中能够保持较高水平的独立性，具备较多适用于国有企业的审计知识和经验，并且在一定程度上能够监督注册会计师的审计工作，因此，审计署的二次审计能够促使注册会计师勤勉执业并保持较高水平的独立性，从而有利于提高注册会计师的审计质量。

2.2 客户公司特征与审计收费

会计师事务所作为资本市场中独立经营的经济单位，审计师向上市公司提供审计服务从而获得的劳动报酬便是审计收费。一般而言，审计收费主要由两个部分构成，一部分是为了发表独立、客观、公允的审计意见，审计师搜集充分、必要的审计证据，从而投入的审计资源的价值；另一部分是审计师根据具体审计业务面临的审计风险环境要求的风险补偿溢价（Simunic，1980）。其中，审计师要求的风险补偿溢价主要源于以下三个方面：一是财务报表存在重大错报，从而审计师遭受法律诉讼和监管处罚导致的经济利益损失；二是财务报表不存在重大错报，但是审计师仍然遭受法律诉讼导致的经济利益损失；三是审计师向客户公司提供审计服务引发法律诉讼和监管处罚从而致使审计师声誉蒙羞，导致的潜在经济利益损失（Houston et al.，2005）。学者们普遍认为，审计师特征、客户公司特征以及客户公司与审计师所处的监管环境是影响审计执业成本和审计风险环境的重要因素，也是确定审计收费的重要依据（Francis et al.，2005；陈智和徐泓，2013；Schelleman and Knechel，2010）。结合本书研究主题，上市公司季度经营信息披露了这一上交所施行的信息披露监管政策改革导致的公司信息披露行为和环境的变化，下面主要从公司内部特征、公司外部市场环境以及监管环境三个方面对审计收费的影响因素进行归纳和梳理。

2.2.1 公司内部特征与审计收费

客户公司的规模、业务复杂度、经营环境、内部控制质量以及治理结构等公司内部特征决定了审计师执行审计业务过程中的工作量、工作难度以及审计风险环境，因此，公司内部特征是影响审计收费的重要因素。现有研究主要从客户公司规模以及业务复杂度、客户公司内部治理特征、客户公司管理层特征的角度研究了客户公司内部特征对审计收费的影响。

部分学者从客户公司规模以及业务复杂度的角度，考察公司内部特征对审计收费的影响。客户公司规模越大，所涉及的交易事项、资产、债务等的规模就越大，相应地审计业务的工作量就越大，审计师为了完成审计工作需要投入的人力资源和工作时间就越多，从而审计成本就越高，审计定价也就越高（Simunic，1980；Francis，1984；Knechel et al.，2009）。随着客户公司业务复杂程度的提升，一方面，审计师为获取充分、适当的审计证据需要实施的审计程序随之增多，从而导致该业务审计资源投入的提高；另一方面，财务报表中隐含重大错报的可能性随之增加，发生审计失败的可能性便越高，审计师要求的风险补偿溢价也就更高（Craswell et al.，1995）。应收账款和存货占总资产的比重、子公司的数量、金融衍生品的运用、从事业绩波动较大的互联网业务等都是客户公司业务复杂度的重要构成要素，是审计师确定审计收费的重要考虑因素（刘斌等，2013；杨德明和陆明，2017；郭飞等，2018）。

部分学者从客户公司内部治理特征的角度，考察公司内部特征对审计收费的影响。卡塞洛等（Carcello et al.，2002）研究了董事会特征与审计收费之间的关系，发现随着董事会专业能力的提高和独立性的改善，公司的审计收费也会提高。此外，董事长是否兼任总经理、控股股东股权性质、董事会规模、董事会全年会议次数、审计委员会的设置等股东和董事会特征能够对审计收费产生显著影响（刘明辉和胡波，2006；白羽，2007；杨华，2015）。内部控制是企业内部治理的重要环节，在执行审计业务的过程中，若审计师发现客户公司的内部控制存在较多的缺陷，一方面，审计师会增加审计投入，执行较为严格的审计程序，扩大审计抽样的范围，在接近期末的忙时实施更多的程序，以收集更为充分适当的审计证据；另一方面，内部控制缺陷较多的在一定程度上表明客户公司整体的风险水平较高，审计师会要求更高的审计风险溢价，这两个方面均会致使审计师提高审计收费（Raghunandan and Rama，2006；Martin and Randal，2009；戴捷敏和方红星，2010）。

部分学者从客户公司管理层特征的角度，考察公司内部特征对审计收费的影响。蔡春等（2015）从高管审计经历和高管事务所关联两个维度探析了高管审计背景特征对审计收费的影响，研究发现，由于审计背景高管在注册会计师审计领域具有较为丰富的专业知识和执业经验，因此，其应对外部审计的能力较强，能够在一定程度上影响审计师的职业判断，降低审计师对公司风险环境的估计，从而降低审计费用。王珣等（2018）对管理层过度自信与审计收费之间的关系进行了研究，发现由于管理层过度自信降低了公司会计信息的稳健性，提高了管理层操纵会计盈余的意愿，增加了公司陷入财务困境的可能性，因此，管理层过度自信加剧了审计师面临的审计风险，增加了审计工作量，导致审计师提高审计定价。霍夫曼等（Hoffman et al., 2018）从宗教信仰角度研究了高管背景特征对审计收费的影响，发现宗教信仰作为一种非正式的监督机制能够在一定程度上缓和不完全契约的影响，通过约束高管的不道德行为，从而有利于降低审计风险，减少审计收费。戴维和特里（David and Terry, 2016）考察了管理层薪酬对审计收费的影响，发现 CEO 薪酬的降低会提高其感知的外在压力，增强其出于自身私利从而操纵财务信息的动机，进而提高了审计师面临的审计风险水平，致使审计师提高审计定价。倪小雅等（2017）从股权激励角度实证考察了高管薪酬激励对审计收费的影响，发现实施股权激励能够提高公司管理层追求企业利益最大化的倾向，降低管理层出于自利动机从而操纵财务信息的意愿，减少财务报表的重大错报风险，进而减少审计收费。

2.2.2　公司外部市场环境与审计收费

外部市场环境是市场经济主体赖以生存和发展的土壤，市场经济主体都是在特定的市场环境下开展经济活动，其行为必然受到外部市场环境的影响。现有研究主要从外部市场整体特征和外部其他主体行为特征的角度研究客户公司外部市场环境对审计收费的影响。

部分学者从外部市场整体特征的角度，考察公司外部市场环境对审计收费的影响。泰勒和西蒙（Taylor and Simon, 1999）利用 20 个国家的样本对法律环境差异与审计收费之间的关系进行了考察，发现当地监管机构制定的上市公司披露制度和行为规范越完善，当地投资者的诉讼意识越强，那么当地的审计费用也就越高。法律制度越完善，发生审计失败致使审计师遭受监管处罚和民事诉讼的可能性就越高，审计师面临的诉讼、监管、声誉风险环境就越严峻，审计师要求的风险补偿溢价也就越多，进而导致审计师提高审计定价的动机更加强烈（Choi and Kim, 2009；刘笑霞，2013）。邢立全和陈汉文（2013）从产品市场竞争的视角考察了企业外部市场环境对审计收费的影响，研究发现，一方面，上市公司面临高强度的产品市场竞争环境有利于缓和公司内部代理问题，从而降低审计师对未审财务报表重大错报风险的评估水平，减少审计工作量，进而调低审计定价；另一方面，上市公司处于较高的市场竞争地位，有利于降低企业的经营风险，从而降低审计师面临的与经营风险相关的重大错报风险和诉讼风险，进而减少审计收费。林钟高等（2015）以企业销售收入的波动作为环境不确定性的替代度量，考察了企业外部市场环境对审计收费的影响，研究发现，环境不确定性提高了审计师面临的风险，促使审计师增加审计投入和提高风险溢价，从而提高审计收费。

部分学者从外部其他主体行为特征的角度，考察公司外部市场环境对审计收费的影响。周冬华和赵玉洁（2015）从作为资本市场信息中介的分析师角度考察外部市场环境对审计收费的影响，研究发现，分析师跟进有利于信息使用者更好地了解和理解上市公司的相关信息，从而有助于缓和上市公司与审计师之间的信息不对称程度，降低审计师面临的审计风险，进而减少审计收费。施先旺等（2015）以分析师预测准确度和离散度为切入点，研究分析师行为对审计收费的影响，发现分析师预测会影响审计师对客户公司审计风险的估计，分析师预测准确度越低（或离散度越高），审计师会认为客户公司的信息不对称程度较高，从而审计师感知的审计风险较高，进而收取更高的审计费用。刘启亮等（2014）研究了媒体对上市公司的负面报道对审计收费的影响，发现媒体对客户公司的负面报道会提高审计师感知到的客户公司的潜在诉讼风险的大小，促使审计师更加谨慎执业以及要求更高的风险溢价，从而提高审计收费。冉明东等（2016）从审计师声誉角度进一步考察了媒体报道对审计收费的影响，研究发现，基于对自身市场声誉的重视，相比小会计师事务所，媒体负面报道能对大会计师事务所产生更为强烈的影响，大会计师事务所要求更高的审计收费。

2.2.3 监管环境与审计收费

行政监管制度在规范市场经济主体行为、促进资本市场健康发展方面发挥着重要作用。作为资本市场重要参与者的上市公司和审计师，其行为必然受到监管制度的制约和规范。现有研究主要从注册会计师审计相关监管制度和资本市场相关监管制度的角度研究监管环境对审计收费的影响。

部分学者从注册会计师审计相关监管制度角度，考察监管环境对审计收费的影响。在转制政策的推动下，会计师事务所转制为特殊普通合伙制后，合伙人面临的法律责任得到加强。审计师为应对会计师事务所转制引发的潜在风险，一方面，会增加审计投入以降低检查风险，从而控制审计风险；另一方面，也会要求更高的审计风险溢价，这都会增强审计师提高审计收费的动机（王昕祎和童佳，2015）。然而，李江涛等（2013）研究发现，由于职业保险和丰沛的会计师事务所资产，大型会计师事务所的审计定价对审计师法律责任变化并不敏感，大型会计师事务所转制完成后审计收费的提高可能并非源于转制政策。为提高审计报告信息含量，我国新审计报告准则增加了关键审计事项披露的要求。一方面，关键审计事项的确定涉及大量的审计职业判断，需要审计师投入更多的时间和精力；另一方面，增加关键审计事项的披露可能会增加审计师感知的对财务报表使用者的责任，从而促使审计师增加审计投入和提高风险补偿，这都会促使审计师提高对客户的审计收费（周中胜等，2020）。刘成立和高永昌（2020）使用双重差分倾向得分匹配法检验了关键审计事项披露要求对审计收费的影响，发现对于业务复杂度较高、国有性质、非"四大"审计师以及分析师关注程度较高的公司，沟通关键审计事项对审计收费的提升作用更为显著。

部分学者从资本市场相关监管制度角度，考察监管环境对审计收费的影响。资本市场相关监管制度也会对审计收费产生影响，李将敏（2015）使用内容分析法研究环境信息披露对审计收费的影响，发现环境信息披露增加了审计投入，从而提高了审计收费。进一步，黄溶冰（2020）研究发现，企业在披露环境信息时通过选择性披露、表述性操纵等印象管理手段，减少与环境事项有关的经营风险评估水平，从而降低审计收费。朱敏等（2015）考察了企业社会责任信息披露对审计收费的影响，发现企业披露社会责任报告会增加审计师的审计风险和审计投入，从而增加审计收费。米莉等（2019）考察了交易所问询监管对审计收费的影响，发现对于收到交易所问询函的上市公司，其审计费用显著高于未收到问询函的公司，并且对于一年内收到问询函较多的公司，其审计费用也相应提高。

2.3 客户公司特征与审计师选择

在我国现行的制度中，上市公司的年报审计师主要由客户公司聘选[①]。结

[①] 根据《公司法》《股票上市规则》等相关要求，我国上市公司选聘会计师事务所须由股东大会决定。

合本书研究主题，上市公司季度经营信息披露了这一上交所施行的信息披露监管政策改革导致的公司信息披露行为和环境的变化，下面主要从公司内部特征、公司外部市场环境以及监管环境三个方面对上市公司的审计师选择决策的影响因素进行归纳和梳理。

2.3.1 公司内部特征与审计师选择

上市公司的股权特征、管理层特征以及治理层特征等决定了公司内部的治理状况、对外部监督机制的需求情况以及向市场传递公司信号的意愿，因此，公司内部特征是影响审计师选择的重要因素。现有研究主要从上市公司股权特征、管理层特征以及治理层特征等角度研究客户公司内部特征对审计师选择的影响。

部分学者从上市公司股权特征的角度，考察公司内部特征对审计师选择的影响。王倩等（Wang et al., 2008）以国有股东为考察对象，探析了上市公司股权性质对审计师选择决策的影响。龚启辉等（2012）进一步将国有企业细分为中央国有企业和地方国有企业，探讨产权性质与审计师选择之间的关系。倪慧萍和王跃堂（2012）考察了大股东持股比例对审计师选择决策的影响，研究发现，当大股东不足以实质上控制公司时，其监督和规范管理层行为的动机较强，随着持股比例的提高，公司选择高质量审计师的可能性更高；然而，当大股东能够实质上控制公司时，其侵占中小股东利益的动机较强，随着持股比例的提高，公司选择高质量审计师的可能性更小。易玄等（2016）考察了合格境外机构投资者对审计师选择决策的影响，研究发现，由于国际四大会计师事务所长久以来坚持提供较高质量的审计服务，形成了良好的市场声誉，并且国际四大会计师事务所在国际会计准则方面具有专长，能够向境外投资者提供便于理解的财务报告，因此，合格的境外机构投资者倾向于促使上市公司选择国际四大会计师事务所。

部分学者从管理层特征的角度，考察公司内部特征对审计师选择的影响。当管理层持股比例较低时，管理层与股东之间的利益分歧较大，从事机会主义行为的动机较强，股东为了约束管理层侵害公司利益的行为，更可能选聘高质量的审计师（Simunic and Stein, 1987；李明辉，2006）。谢盛纹等（2015）从审计师变更视角探讨管理层权力对审计师选择决策的影响，研究发现，由于管理层权力过度膨胀很可能导致公司内部治理机制难以有效制约管理层的不当行为，因此，管理层权力越大，公司治理层改聘高质量审计师以借助外部监督机制约束管理层机会主义行为的动机就越强。周泽将和宋淑婵（2019）从高管的海外经历视角，探讨管理层特征与审计师选择之间的关系，一方面，海归高管具有较强的法律意识和社会责任意识，对财务报告信息质量有较高的要求；另一方面，海归高管导致的代理问题较严重，因此，海归高管的任职公司更倾向于选择高质量的审计师。

部分学者从治理层特征的角度，考察公司内部特征对审计师选择的影响。受到相对成熟资本市场的影响，拥有海外学习或工作经历的独立董事不但具备较为先进的管理经验和职业能力，而且较为重视对中小投资者利益的保护，同时出于对自身声誉的重视，海外背景的独董选聘高质量审计师的意愿较强（王裕和任杰，2016）。类似地，由于外籍董事大多由外资股东派遣，且多来自资本市场制度较为完善的地区，法律风险意识较强，因此，外籍董事具有较为强烈的意愿去规范公司的行为，以保护外资股东的利益，从而更倾向于选择高质量的审计师（杜兴强和谭雪，2016）。邢秋航和韩晓梅（2018）从董事网络角度考察了独董特征与审计师选择决策之间的关系，研究发现，独董在董事网络中越处于中心位置，其对自身声誉越重视，并且对董事会的影响力越大，进而越可能促使公司聘选高质量的审计师。王兵等（2019）从董事的注册会计师审计职业经历角度探讨董事职业背景特征对审计师选择决策的影响，研究发现，由于外部审计从业经验的董事在很大程度上能够替代注册会计师审计的公司治理功效，因此，基于控制不必要的费用方面的考虑，其会促使客户公司更倾向于选择小会计师事务所。唐玮等（2021）以董事长的性别特征为切入点考察女性董事长对审计师选择的偏好，研究发现，为了向资本市场传递公司经营状况良好和自身能力较强的积极信号，女性董事长更愿意聘请高质量的审计师。

2.3.2 公司外部市场环境与审计师选择

外部市场环境是市场经济主体赖以生存和发展的土壤，市场经济主体都是在特定的市场环境下开展经济活动，其行为必然受到外部市场环境的影响。现有研究主要从外部市场整体特征和外部其他主体行为特征的角度研究客户公司外部市场环境对审计师选择决策的影响。

部分学者从外部市场整体特征的角度，考察公司外部市场环境对审计师选择的影响。上市公司所在地的法治水平越高，公司违规行为招致诉讼的可能性就越高，潜在诉讼赔偿也就越大。为了控制诉讼风险，治理层更倾向于规范公司行为，从而聘请小会计师事务所，以便于操纵财务信息的动机就越弱（黄新建和张会，2011）。在法治水平较低的地区，由于聘请高质量的审计师可以向外界传递积极的信号，增强外部信息使用者对公司的信任程度，提高对投资人的吸引力，从而缓和公司面临的融资困境，因此，缺乏政治背景的民营企业更倾向于聘请高质量的审计师（Clarkson and Simunic，1994；雷光勇等，2009）。刘斌等（2015）基于审计师变更视角探讨了契约履行环境对审计师选择的影响，研究发现，在契约履行环境较好的地区，资源配置由市场行为主导，聘请高质量审计师的信号传递作用能够在一定程度上提高公司在资本市场中的形象，因此，上市公司改聘高质量审计师的动机较强。吴晓晖等（2017）从地区腐败视角探讨上市公司在面临较大的权力寻租风险时的审计师选择策略，研究发现，为了抵御个别官员对公司利益的侵占，这些公司会倾向于降低信息透明度，提高财务杠杆，减少现金持有，并选择低质量的审计师。

部分学者从外部其他主体行为特征的角度，考察公司外部市场环境对审计师选择的影响。戴亦一等（2013）基于审计师变更视角探讨了媒体负面报道对上市公司审计师选择决策的影响，研究发现，被媒体负面报道之后，为了促使投资人相信公司已经对内部治理问题进行了有效整改以及公司具有较好的增长潜力，这些公司倾向于改聘高质量的审计师。程博等（2017）研究了党组织"交叉任职"对国有企业审计师选择的影响，发现为了向上级传递自身管理能力较强和公司经营状况良好的积极信号，在国有企业"交叉任职"的人员倾向于促使公司聘选较大规模的会计师事务所。陈丽英和李婉丽（2020）从共享审计师视角考察了行业竞争对手对上市公司审计师选择决策的影响，研究发现，为了避免专有信息外溢，保持竞争优势，公司较不倾向于与经营范围或主营产品相似度较高的竞争对手选择相同的审计师。

2.3.3 监管环境与审计师选择

行政监管制度在规范市场经济主体行为、促进资本市场健康发展方面发挥着重要作用。作为资本市场重要参与者的上市公司和审计师，其行为必然受到监管制度的制约和规范。现有研究主要从注册会计师审计相关监管制度和资本市场相关监管制度的角度研究监管环境对审计师选择的影响。

部分学者从注册会计师审计相关监管制度的角度，考察监管环境对审计师选择的影响。刘启亮和陈汉文（2012）对会计师事务所组织形式转变与客户公司审计师选择决策之间的关系进行了研究，发现由于转变为特殊普通合伙制之后，增大了审计师的法律责任，提高了审计师的独立性和专业胜任能力，因此，上市公司选择特殊普通合伙制的审计师能够向资本市场传递更积极的信号，从而提高了客户公司选择这些会计师事务所的可能性。

部分学者从资本市场相关监管制度的角度，考察监管环境对审计收费的影响。陈关亭等（2019）以融资融券试点为研究契机探讨放松卖空管制对上市公司审计师决策的影响，研究发现，由于放松卖空管制能够在一定程度上加剧负面消息招致的股价下跌，因此，为了控制股票被卖空对公司价值的负面影响，向资本市场传递公司经营状况良好、财务信息可靠的积极信号，进入融资融券标的名单的公司拥有选择高质量审计师的强烈意愿。陈丽蓉等（2021）以"沪深港通"交易试点为研究契机探讨了资本市场管制开放对审计师选择决策的影响，研究发现，为了在境外市场中传递积极的信号，吸引境外投资者，获得更多的境外投资，公司存在优化内部治理机制、规范管理层行为、提高信息披露质量的强烈动机，从而提高了公司选择高质量审计师的可能性。

2.4 文献评述

本章分别从客户公司内部特征、外部市场环境以及监管环境的角度对客户公司特征与审计质量、审计收费以及审计师选择决策的相关文献研究进行了系统梳理。在对现有研究进行总结和归纳的基础上，可以发现，客户公司内部特征及其外部市场环境影响审计质量、审计收费和审计师选择决策的相关文献研究已经取得了较为丰富的研究成果，但仍存在后续研究的空间。

第一，现有研究大多从客户公司内部特征以及外部市场环境的角度探讨影响注册会计师审计的重要因素。客户公司内部特征对注册会计师审计的影响，已有学者从管理层个人背景特征（王裕和任杰，2019）、股东特征（步丹璐和屠长文，2017）、企业经营特征（Choi et al.，2012；董小红和孙文祥，2021）等方面展开研究。外部市场环境对注册会计师审计的影响，已有学者从市场化发展水平（孙铮和于旭辉，2007）、法律环境（Choi and Wang，2007）、媒体对客户公司的报道（张龙平和吕敏康，2014）、交叉上市（田高良等，2017）等方面展开研究。一方面，这些研究大多从静态的视角，考察某一项确定的公司内部特征或外部市场环境特征能否以及如何影响审计师的行为和客户公司对高质量审计的需求；从动态变化视角考察监管环境变化引起客户需求转变和审计风险环境变化，从而促使审计师的执业行为和客户对高质量审计的需求产生改变的研究尚且较少。另一方面，这些研究大多从企业内部自我约束和外部市场监督的角度探讨对管理层操纵财务信息的机会主义行为的约束机制，从监管政策改革的角度展开的研究较少。事实上，由于资本市场中各经济行为主体之间客观存在信息差异，因此，市场监督机制和企业内部控制体系难以完全约束管理层的机会主义行为。行政监管制度在很大程度上能够弥补市场监督机制的不足，尤其在市场化发展程度还不够充分的地区能够发挥更为重要的作用。因此，从季度经营信息披露视角考察上交所推行的上市公司信息披露监管改革对注册会计师审计的影响，具有一定的增量价值。

第二，考察监管环境对审计师执业行为影响的研究，大多以聚焦于针对审计行业的相关监管制度，主要从法律责任、声誉机制和监管处罚三个层面探讨制度环境变化对审计质量和审计收费的影响。从审计质量方面而言，随着逐渐趋严的注册会计师审计行业监管制度的陆续出台，审计师的法律责任逐渐扩大，对外披露的具体审计执业内容逐渐增多，从而审计执业过程中的不当行为招致监管处罚和民事诉讼的可能性增大，进而促使审计师提高审计质量。从审计收费方面而言，趋严的审计监管体系促使审计师增加审计投入，提高审计风险溢价以应对提高的审计风险环境，从而促使审计师提高审计定价。少数关注资本市场管理制度变更对审计师执业行为影响的研究，大多从客户公司风险环境变化和外部关注度提高致使审计师面临的审计风险环境发生改变，从而影响审计师的执业行为的角度展开。从财务信息与非财务信息相互印证的角度，探讨监管政策要求上市公司强制披露季度经营信息借助于信息之间的相互印证，从而提高审计效率和促使客户公司提升信息披露质量等方面影响审计师执业行为的研究尚且较少。

第三，考察监管环境对客户公司审计师选择决策影响的研究相对较少，且大多基于信号理论，即聘请高质量审计师能够帮助公司向资本市场传递企业经营状况良好、内部管理体系完善、财务信息质量可靠的积极信号，从而缓和趋严的监管政策对于公司的不利影响。上交所实施行业信息披露改革，要求上市公司披露季度经营信息的重要目的之一是提高上市公司信息披露的质量，因此，监管的重点领域是上市公司信息披露的违规行为。基于对监管处罚的畏惧，上市公司有动机提高信息披露质量。从公司自身提高信息披露质量的需求出发，探讨监管环境变化如何影响客户公司审计师选择决策的研究还需进一步丰富。

因此，本书从动态监管的视角出发，关注证券交易所推行的季度经营信息披露制度所引发的公司外部信息环境变化，如何动态影响审计师的执业行为和客户公司对高质量审计服务的需求。同时，聚焦非财务信息与财务审计之间的交互机制，本书探讨了季度经营信息作为重要的非财务信息如何通过增强可验证性、缓和信息不对称，从而提升审计独立性与审计效率。进一步，从制度驱动下的审计师选择视角出发，本书分析监管强化背景下客户公司外部信息环境的改善是否促使其在审计师选聘中更倾向于选择具备良好市场声誉的高质量审计师。这不仅有助于拓展监管改革情境下审计研究的理论框架，深化对信息披露制度如何通过影响外部信息环境进而重塑审计供需双方行为逻辑的理解；也为评估信息披露制度在提升公司治理有效性、强化外部监督机制方面的制度绩效提供了实证依据与政策启示。

第 3 章

制度背景与理论基础

3.1 上交所行业信息披露指引

为了在合规性的基础上进一步提高上市公司信息披露的有效性和针对性，满足投资者对高质量行业经营性信息的需求；同时，通过规范和透明的信息披露，抑制投机炒作，防范市场风险，优化资本市场生态，助力供给侧结构性改革下的新兴行业发展，上海证券交易所施行分行业信息披露监管。上海证券交易所先后制定了共计28项行业信息披露指引，涉及房地产、石油和天然气开采、煤炭开采和洗选、电力、零售、汽车制造、医药制造等行业，覆盖了沪市大多数上市公司。除《上市公司行业信息披露指引第七号——医药制造》《上市公司行业信息披露指引第二十一号——集成电路》《上市公司行业信息披露指引第二十二号——航空、船舶、铁路运输设备制造》《上市公司行业信息披露指引第二十三号——医疗器械》外，其余行业的上市公司行业信息披露指引均要求按季度或月份披露经营信息。

3.1.1 上交所第一批行业信息披露指引

为提高信息披露的有效性，增加信息披露透明度，进一步规范上市公司和相关信息披露义务人的信息披露行为，上海证券交易所于2013年12月26日发布《上市公司日常信息披露工作备忘录第十二号——上市公司分行业经营信息披露》，拉开了上交所上市公司分行业披露经营信息的序幕。在这次公布的备忘录中，包含房地产、石油和天然气开采、煤炭开采和洗选这三号行业经营信息披露指引。值得关注的是，本次发布的行业经营信息披露除了对年度报告、年度报告财务报表附注以及临时报告提出经营信息披露要求外，还提出了定期按季度（或月份）披露经营数据的要求。上交所发布的第一批行业信息披露指引具体要求披露的季度经营信息的内容如表 3-1 所示。

表 3-1　　　　　　　　上交所第一批行业信息披露指引

行业	是否披露	披露季度经营信息内容
第一号：房地产	是	（1）涉及销售房地产的上市公司披露：区域（或项目）、位置、权益、计划总投资、总建筑面积、当期销售面积、累计销售面积、当期结算面积、累计结算面积 （2）涉及出租房地产的上市公司披露：出租房地产面积、出租率、每平方米平均基本租金
第二号：石油和天然气开采	是	（1）石油和天然气产量 （2）产品价格 （3）勘探开发业务的经营业绩
第三号：煤炭开采和洗选	是	（1）各种类煤炭的产量 （2）煤矿装备产值 （3）煤炭销售量

3.1.2　上交所第二批行业信息披露指引

2015 年 9 月 11 日，上交所公布了一般规定、电力、零售、汽车制造、医药制造这五号行业信息披露指引，除医药制造外，其他具体的行业信息披露指引均要求上市公司按季度（或月份）披露经营信息①。这批行业信息披露指引自 2015 年 10 月 1 日起施行。上交所发布的第二批行业信息披露指引具体要求披露的季度经营信息的内容如表 3-2 所示。

表 3-2　　　　　　　　上交所第二批行业信息披露指引

行业	是否披露	披露季度经营信息内容
第四号：电力	是	（1）按地区和电源种类披露控股的各电力公司发电量、上网电量和上网电价的均价 （2）截至本季度末发电量、上网电量累计额和上网电价均价

---

① 本批次上交所修改了房地产和煤炭这两号行业信息披露指引，并对房地产行业进行了重新编号，房地产行业由第一号重新编号为第二号。本次修订未对季度经营信息披露产生实质性影响。

续表

行业	是否披露	披露季度经营信息内容
第五号：零售	是	（1）报告期门店变动情况：按地区及经营业态披露新增及关闭门店的数量、变动时间及建筑面积 （2）报告期拟增加门店情况：按地区及经营业态披露拟增加但未开业门店的数量、来源、建筑面积及预计开业时间等。门店来源包括已签约租赁、自建、收购或其他方式 （3）报告期末主要经营数据：按地区及经营业态披露营业收入、毛利率及同比变动
第六号：汽车制造	是	（1）按车型类别披露整车产销量数据和本年累计产销量数据 （2）披露上年同期数据以及同比变动情况
第七号：医药制造	否	未要求披露季度经营信息

3.1.3 上交所第三批行业信息披露指引

2015年12月11日，上交所公布了钢铁、建筑、光伏、服装、新闻出版这五号行业信息披露指引[①]。这批行业信息披露指引均要求上市公司按季度（或月份）披露经营信息，并自2016年1月1日起施行。上交所发布的第三批行业信息披露指引具体要求披露的季度经营信息的内容如表3-3所示。

表3-3　　　　　　　上交所第三批行业信息披露指引

行业	是否披露	披露季度经营信息内容
第九号：钢铁	是	（1）钢材产量 （2）钢材销量 （3）主要产品的平均售价 （4）上交所要求的其他定期经营数据
第十号：建筑	是	（1）新签项目的数量、合计金额及同比增长情况 （2）本年累计签订项目的数量及合计金额、已签订尚未执行的重大项目进展情况
第十一号：光伏	是	光伏产业相关业务且相关营业收入或净利润占公司最近一个会计年度经审计营业收入或净利润10%以上的上市公司： （1）按区域披露光伏电站的发电量、上网电量、结算电量和上网电价 （2）截至本季度末各区域光伏电站的累计发电量、上网电量和结算电量

---

① 本批次上交所修改了石油和天然气开采这一行业信息披露指引，并重新编号，石油和天然气开采行业信息披露指引重新编号为第八号。本次修订未对季度经营信息披露产生实质性影响。

续表

行业	是否披露	披露季度经营信息内容
第十二号：服装	是	（1）报告期门店变动情况，包括新开及关闭门店的数量、类型、门店总数的增减变化情况 （2）报告期经营情况，包括按品牌、门店类型、线上线下销售渠道分类披露的营业收入、营业成本、毛利率及同比变动
第十三号：新闻出版	是	一般图书出版业务： （1）销售码洋 （2）营业收入、营业成本和毛利率 报刊业务且影响重大的上市公司： （1）报刊发行量、全国或地区销售量占比 （2）已签订的广告订单额、已确认的广告收入、服务收入、广告违法违规处罚 互联网游戏业务且影响重大的上市公司： （1）已确认的营业收入、成本、推广营销费用及其占收入比例 （2）付费用户数量、ARPU 值、充值流水等

3.1.4　上交所第四批行业信息披露指引

2016 年 12 月 2 日，上交所公布了酒制造、广播电视传输服务、环保服务、水的生产与供应、化工、航空运输、农林牧渔这七号行业信息披露指引①。这批行业信息披露指引均要求上市公司按季度（或月份）披露经营信息，并自 2017 年 1 月 1 日起施行。上交所发布的第四批行业信息披露指引具体要求披露的季度经营信息的内容如表 3 – 4 所示。

表 3 – 4　　　　　上交所第四批行业信息披露指引

行业	是否披露	披露季度经营信息内容
第十四号：酒制造	是	（1）报告期经营情况，包括按照产品档次、销售渠道、地区分部分类披露的营业收入 （2）报告期经销商变动情况，包括新增或退出的经销商数量、经销商总数的增减变化情况
第十五号：广播电视传输服务	是	（1）有线电视用户数量 （2）宽带用户数量 （3）基本业务的 ARPU 值 （4）付费点播量

---

① 本批次上交所未对已发布的行业信息披露指引进行修改。

续表

行业	是否披露	披露季度经营信息内容
第十六号：环保服务	是	大气污染治理、固体废弃物处理、环境修复等环保服务业务的上市公司以及上述业务占营业收入或净利润30%以上的上市公司： 新增订单金额、在手订单金额及订单状态 项目运营并发电的上市公司每季度至少应当按照区域分项披露： （1）发电量、上网电量和上网电价 （2）截至报告期末各区域累计发电量、上网电量和已结算电量
第十七号：水的生产与供应	是	（1）报告期内累计自来水供应量及均价 （2）报告期内累计污水处理量及均价
第十八号：化工	是	（1）主要产品的产量、销量及收入实现情况 （2）主要产品和原材料的价格变动情况 （3）其他对公司生产经营具有重大影响的事项
第十九号：航空运输	是	（1）新增国内外主要航线 （2）运力情况，包括现有可用吨公里、可用座位公里、可用货运吨公里、收入吨公里、收入客公里、收入货运吨公里、乘客人数、货物及邮件数量、客座率、货物及邮件载运率及综合载运率 （3）公司引进及退役的飞机型号和数量 （4）按照自行保有、融资租赁、经营租赁等状况分类披露的各飞机型号的飞机数量
第二十号：农林牧渔	是	（1）主要产品产量及同比增减情况 （2）主要产品销量及同比增减情况 （3）主要产品库存量及同比增减情况

3.1.5　上交所第五批行业信息披露指引

2018年12月28日，公布了集成电路、医疗器械、食品制造、黄金珠宝饰品、影视、家具制造、有色金属以及航空、船舶、铁路运输设备制造这八号行业信息披露指引[①]。这批行业信息披露指引中的食品制造、黄金珠宝饰品、影视、家具制造、有色金属这五号行业信息披露指引要求上市公司按季度（或月份）披露经营信息，并自2019年1月1日起施行。上交所发布

---

① 本次发布上交所修订了电力、医药制造、光伏、服装这四号行业信息披露指引，本次修订未对季度经营信息披露产生实质性影响。

的第五批行业信息披露指引具体要求披露的季度经营信息的内容如表 3－5 所示。

表 3－5　　　　　　　　上交所第五批行业信息披露指引

行业	是否披露	披露季度经营信息内容
第二十一号：集成电路	否	未要求披露季度经营信息
第二十二号：航空、船舶、铁路运输设备制造	否	未要求披露季度经营信息
第二十三号：医疗器械	否	未要求披露季度经营信息
第二十四号：食品制造	是	(1) 报告期经营情况，包括按照产品类别、销售渠道、地区分部分类披露的营业收入 (2) 报告期经销商变动情况，包括经销商总数的增减变化情况、经销商区域分布变动情况；公司可以披露季度内订货会的情况，如订货会召开次数和时间、订货金额及同比增减情况等 (3) 其他对公司生产经营具有重大影响的事项
第二十五号：黄金珠宝饰品	是	(1) 按地区披露新增及关闭门店的数量、期末门店数量及地区分布 (2) 按地区披露营业收入、毛利率及同比变化情况 (3) 按黄金珠宝品种披露采购量、生产量、销售量及退货量
第二十六号：影视	是	(1) 从事电影制作或发行业务的，应当披露报告期内公司制作或发行电影的票房 (2) 从事电视剧及其他类型影视作品制作业务的，应当披露报告期内公司制作电视剧部数和集数 (3) 从事电影放映业务的，应当披露报告期内公司影院实现票房和观影人次、公司直营影院及加盟影院的数量和银幕数量
第二十七号：家具制造	是	(1) 报告期经营情况，包括按产品类型和销售渠道分类披露营业收入、营业成本、毛利率及同比变动；公司境外业务收入占当期营业总收入 10% 以上的，还应当按境内和境外分别披露 (2) 报告期门店变动情况，包括新开及关闭门店的数量、类型、门店总数的增减变化情况；门店营业收入占当期营业总收入 10% 以下的，可免于披露
第二十八号：有色金属	是	(1) 产品产量及同比变化情况 (2) 产品销量及同比变化情况 (3) 本所要求的其他定期经营数据及同比变化情况

3.2 深交所行业信息披露指引

为了提升上市公司信息披露的针对性和有效性，保护投资者的合法权益，满足市场对行业透明度和特定信息的需求；同时，为了支持企业形成核心竞争优势，促进资本向优质企业集聚，助力资本市场规范、透明、健康发展，深圳证券交易所制定并施行两套行业信息披露指引，一套专门适用于创业板上市公司，一套属于一般性行业信息披露指引。深圳证券交易所先后对创业板上市公司制定了共计 15 项行业信息披露指引，涉及广播电影电视、光伏、节能环保、互联网游戏、互联网视频、电子商务以及药品、生物制品等领域，覆盖了深市创业板主要的新业务、新行业公司。深圳证券交易所先后制定了共计 18 项一般性行业信息披露指引，涉及房地产、零售、土木工程建筑、电力、快递服务以及畜禽、水产养殖等领域，覆盖了部分深市上市公司。

3.2.1 深交所创业板行业信息披露指引

早于上交所，深交所 2013 年 1 月 7 日就开始对创业板上市公司发布行业信息披露指引[①]。为规范从事广播电影电视业务以及药品、生物制品研发、生产、销售等业务的创业板上市公司的信息披露行为，深交所此次发布了以下两项行业信息披露指引：《创业板行业信息披露指引第 1 号——上市公司从事广播电影电视业务》与《创业板行业信息披露指引第 2 号——上市公司从事药品、生物制品业务》。《创业板行业信息披露指引第 1 号——上市公司从事广播电影电视业务》和《创业板行业信息披露指引第 2 号——上市公司从事药品、生物制品业务》均未明确提出按照季度或月份披露经营信息的要求。

为规范从事光伏、环保领域相关业务的创业板上市公司的信息披露行为，深交所于 2015 年 7 月 3 日发布以下两项行业信息披露指引：《创业板行业信息披露指引第 3 号——上市公司从事光伏产业链相关业务》与《创业板行业信息披露指引第 4 号——上市公司从事节能环保服务业务》。并于 2015 年 7 月 4 日起施行。值得注意的是，《创业板行业信息披露指引第 4 号——上市公

[①] 上海证券交易所于 2013 年 12 月 26 日发布行业信息披露指引。

司从事节能环保服务业务》要求从事节能环保工程类业务的深交所创业板上市公司在季度报告中区分不同业务类型并依据收到的《中标通知书》或签订《框架性协议》等文件披露报告期内新增订单数量及合计金额、新增订单中尚未签订合同的数量及合计金额，报告期内确认收入的订单数量以及合计确认收入金额、期末在手订单数量以及合计未确认收入金额等内容。《创业板行业信息披露指引第 4 号——上市公司从事节能环保服务业务》要求从事节能环保特许经营类业务的深交所创业板上市公司在季度报告中区分不同业务类型披露报告期内新增订单的数量以及合计投资金额、新增订单中尚未签订合同的数量及合计投资金额；未执行订单的数量及合计投资金额；处于施工期阶段的订单数量、本期完成的投资金额及尚未完成的投资金额；已处于运营期阶段的订单数量以及合计的运营收入等内容。《创业板行业信息披露指引第 3 号——上市公司从事光伏产业链相关业务》未对经营信息提出按季度进行披露的要求。

为规范从事互联网游戏、视频及电子商务领域相关业务的创业板上市公司的信息披露行为，深交所于 2015 年 9 月 2 日发布并施行以下三项行业信息披露指引：《创业板行业信息披露指引第 5 号——上市公司从事互联网游戏业务》《创业板行业信息披露指引第 6 号——上市公司从事互联网视频业务》《创业板行业信息披露指引第 7 号——上市公司从事电子商务业务》。这三项行业信息披露指引均未提出披露季度经营信息的要求。

为规范从事互联网营销相关业务的创业板上市公司的信息披露行为，深交所于 2016 年 9 月 19 日发布并施行《创业板行业信息披露指引第 8 号——上市公司从事互联网营销业务》。这项行业信息披露指引未提出披露季度经营信息的要求。

为规范从事 LED 产业链、医疗器械相关业务的创业板上市公司的信息披露行为，深交所于 2017 年 3 月 13 日发布并施行以下两项行业信息披露指引：《创业板行业信息披露指引第 9 号——上市公司从事 LED 产业链相关业务》和《创业板行业信息披露指引第 10 号——上市公司从事医疗器械业务》。这两项行业信息披露指引均未提出披露季度经营信息的要求。

为规范从事工业机器人产业链、集成电路、锂离子电池产业链相关业务的创业板上市公司的信息披露行为，深交所于 2019 年 11 月 3 日发布并施行以下三项行业信息披露指引：《创业板行业信息披露指引第 11 号——上市公司从事工业机器人产业链相关业务》《创业板行业信息披露指引第 12 号——上市公司从事集成电路相关业务》《创业板行业信息披露指引第 13 号——上市公司从事锂离子电池产业链相关业务》。这三项行业信息披露指引均未提出披露季度经营信息的要求。

为规范从事通信、网络安全相关业务的创业板上市公司的信息披露行为，深交所于 2021 年 1 月 7 日发布并施行以下两项行业信息披露指引：《创业板行业信息披露指引第 14 号——上市公司从事通信相关业务》《创业板行业信息披露指引第 15 号——上市公司从事网络安全相关业务》。这两项行业信息披露指引均未提出披露季度经营信息的要求。

3.2.2　深交所一般性行业信息披露指引

为规范从事房地产业务、固体矿产资源相关业务以及畜禽、水产养殖业务的上市公司的信息披露行为，深交所于 2015 年 12 月 28 日公布并施行以下三项行业信息披露指引：《行业信息披露指引第 1 号——上市公司从事畜禽、水产养殖业务》《行业信息披露指引第 2 号——上市公司从事固体矿产资源相关业务》《行业信息披露指引第 3 号——上市公司从事房地产业务》。值得注意的是，《行业信息披露指引第 1 号——上市公司从事畜禽、水产养殖业务》要求主营业务为畜类养殖的上市公司应当每月通过临时公告形式披露该业务月度产品销售（或生产）数量、销售收入及各指标同比或环比变动情况，在同比或环比变动幅度超过 30% 时，还应当披露具体原因，多主业公司应同时对上述披露仅包含养殖业务板块进行风险提示等经营信息。

为规范从事工程机械相关业务、装修装饰业务以及种业、种植业务的上市公司的信息披露行为，深交所于 2016 年 11 月 14 日公布并施行以下三项行业信息披露指引：《行业信息披露指引第 4 号——上市公司从事种业、种植业务》《行业信息披露指引第 5 号——上市公司从事工程机械相关业务》《行业信息披露指引第 6 号——上市公司从事装修装饰业务》。值得注意的是，《行业信息披露指引第 6 号——上市公司从事装修装饰业务》要求从事装修装饰业务的上市公司每季度应当通过临时报告形式披露以下经营情况：（1）按业务类型披露新签订单金额、截至报告期末累计已签约未完工订单金额、已中标尚未签约订单金额。（2）重大项目对应合同金额、工期安排、工程进度、收入确认情况、结算情况及收款情况等，并说明交易对手履约能力是否存在重大变化。

为规范从事土木工程建筑业务的上市公司的信息披露行为，深交所于 2017 年 5 月 19 日公布并施行《行业信息披露指引第 7 号——上市公司从事土木工程建筑业务》。值得注意的是，这项信息披露指引要求从事土木工程建筑业务的上市公司每季度应当通过临时报告形式披露以下经营情况：（1）新签订单数量及金额、截至报告期末累计已签约未完工订单数量及金额、已中标尚未签约订单数量及金额。（2）重大项目对应合同金额、业务模式、开工日期和工期、工程进度、收入确认情况、结算情况及收款情况等。

为规范从事零售、快递服务业务的上市公司的信息披露行为，深交所于 2017 年 10 月 20 日公布并施行以下两项行业信息披露指引：《行业信息披露指引第 8 号——上市公司从事零售相关业务》《行业信息披露指引第 9 号——上市公司从事快递服务业务》。这两项行业信息披露指引均未提出披露季度经营信息的要求。

为规范从事民用爆破、珠宝、软件与信息技术服务相关业务的上市公司的信息披露行为，深交所于 2018 年 5 月 11 日公布并施行以下三项行业信息披露指引：《行业信息披露指引第 10 号——上市公司从事民用爆破相关业务》《行业信息披露指引第 11 号——上市公司从事珠宝相关业务》《行业信息披露指引第 12 号——上市公司从事软件与信息技术服务业务》。这三项行业信息披露指引均未提出披露季度经营信息的要求。

为规范从事非金属建材相关业务的上市公司的信息披露行为，深交所于 2019 年 11 月 3 日公布并施行《行业信息披露指引第 13 号——上市公司从事非金属建材相关业务》。这项行业信息披露指引未提出披露季度经营信息的要求。

为规范从事食品及酒制造、电力、汽车制造、纺织服装、化工行业相关业务的上市公司的信息披露行为，深交所于 2021 年 1 月 6 日公布并施行以下五项行业信息披露指引：《行业信息披露指引第 14 号——上市公司从事食品及酒制造相关业务》《行业信息披露指引第 15 号——上市公司从事电力相关业务》《行业信息披露指引第 16 号——上市公司从事汽车制造相关业务》《行业信息披露指引第 17 号——上市公司从事纺织服装相关业务》《行业信息披露指引第 18 号——上市公司从事化工行业相关业务》。这五项行业信息披露指引均未提出披露季度经营信息的要求。

3.3 理论基础

3.3.1 委托代理理论

随着上市公司规模的不断扩大、经营范围的扩展以及存续年限的增加，企业的所有权和经营权逐渐分离的现象越发明显①。委托人聘请代理人负责公司日常经营活动，是为了借助代理人的管理经验、社会资本、知识能力等特质以提高公司经营效率和价值，实现公司利益的最大化。然而，这一安排虽然能提升企业管理的专业化水平，但也不可避免地引发了利益冲突和治理难题。虽然代理人具有提高公司价值的特质，但是代理人能力对公司价值的提升作用受代理人意愿的影响。代理人付出的劳动和资源投入是代理人的成本，委托人支付给代理人的薪酬以及其他收益则是代理人的收益。代理人越是勤勉尽责，付出的成本就越大，相应地，代理人得到的报酬越高，取得的收益就越大，作为理性经济人的代理人为了个人利益的最大化有强烈的动机利用掌握的公司控制权以谋取私利，从而提高从公司获得的经济收入，同时也倾向于减少劳动付出、降低对公司的个人资源投入。理性的委托人深知代理人只有在工作的过程中勤勉尽责、敢于承担风险才能最大化地提升企业价值，因此，委托人试图借助精心设计的薪酬激励机制和制定相关契约来规范代理人的行为，促使代理人以公司利益最大化为目标。尽管随着实践的发展和理论的深入，企业逐步完善了对代理人的薪酬激励机制，通过设计与公司业绩挂钩的薪酬考核体系以及实施股权激励等制度安排，力图在一定程度上促使代理人的利益与委托人的利益相一致。这些机制通过将代理人报酬与企业绩效直接关联，旨在激励代理人为了提升公司价值而努力，从而在实现公司利益最大化的同时，也使代理人自身的薪酬水平得到提升。尽管这些措施已在

---

① 委托代理理论由美国经济学家伯利和米恩斯于 20 世纪 30 年代提出。

很大程度上缓和了委托代理冲突,但现实中的契约难以尽善尽美,尤其在复杂且动态的商业环境中,无法详尽地规定代理人的权利边界和责任范围。由于契约的不完备性,代理人仍然可能利用委托人赋予其的经营管理权来攫取私利,从事未必有利于公司长期发展的短视行为。代理人在履行其职责过程中,可能出于自利动机从事操纵财务信息、滥用公司资源、优先考虑个人利益而非公司利益的机会主义行为。尤其在信息不对称的情况下,代理人通常比委托人掌握更多的经营信息和行业动态,并且委托人无法完全观察代理人的行为,代理人有更大的空间利用信息优势从事损害公司整体利益的活动。

因此,如何利用多层次、多维度的企业内部治理机制和外部监督机制来规范代理人的行为,督促其在履行职责时能够勤勉尽责,成为委托代理理论研究的核心议题。在内部治理机制方面,现有研究发现,通过完善董事会结构、设立独立董事、加强内部审计职能、实施科学的绩效评估和管理层薪酬制度等措施,可以在一定程度上形成对代理人的制约和监督。在外部监督机制方面,现有研究发现,包括注册会计师审计、监管机构的强制性要求以及媒体和公众舆论的关注等,都可以在不同层面上增加代理人违规行为的风险和成本,从而有效约束其机会主义倾向。特别是在当前快速变化的商业环境中,企业面临的不确定性和复杂性显著增加,传统的以市场为主体的监督手段越发难以满足现实治理需求。因此,如何在治理机制中引入监管的力量是应对委托代理冲突重要的研究方向。作为上市公司一线监管主体的上海证券交易所制定政策要求上市公司披露季度经营信息的重要目的之一,就是改善上市公司的信息披露质量,缓和公司内部和外部之间的信息差异。公司对外披露的经营信息越多,外部信息使用者对公司经营情况的了解可能越清晰,管理层滥用职权以满足私利的行为就越可能被曝光。慑于经济、行政处罚以及声誉损失,季度经营信息披露要求导致的公司信息披露环境的变化理应对管理层的自利行为产生影响。

委托代理理论经过近半个世纪的实践检验与理论演进,已经从最初的双边代理框架,即单一委托人、代理人以及代理事务的简单构成,逐步发展到更加复杂的多边代理理论。多边代理理论不仅涵盖了多个委托人和代理人之间的互动关系,还引入了更多维度的分析,关注代理行为在复杂组织结构和动态环境中的多层次影响。这种扩展极大地增强了委托代理理论对现实问题的解释力度和适用边界，使其能够应对现代企业中日益复杂的代理问题。在规模不断扩大、业务日益多样化、经营领域愈加跨界融合的现代上市公司中，对代理冲突的研究已不仅仅局限于企业所有者与管理层之间，还涉及债权人、资产市场信息中介、监管机构等多方利益相关者之间的复杂互动。多边代理理论的引入和发展为应对复杂、动态情景下的代理冲突提供了更为全面的理论指导。然而，在权责分离的现代企业制度下，委托人与代理人之间固有的利益冲突和信息不对称问题依然难以避免。在代理理论框架内，缓和委托人与代理人之间的代理冲突仍然是核心议题，研究的重点集中在如何通过更有效的手段减少信息不对称，确保信息使用者能够获得充分且准确的信息，以更好地监督代理人的行为；如何更好地设计和执行具有弹性和约束力的激励机制，将代理人的利益与委托人的目标更紧密地绑定，激励其在决策过程中优先考虑公司整体利益；探索代理人与委托人之间动态互动的规律，尤其是在快速变化的经济和技术环境中，理解这种关系如何随着外部条件的变化而调整等领域。代理冲突的缓解不但能够推动公司治理的进一步优化，提高企业运营的效率和效果，而且能够在一定程度上改善资本市场环境，推动资本市场长远健康发展。

3.3.2　信息不对称理论

资本市场中参与经济活动的行为主体都充分掌握和理解了与交易相关的信息，这是资本市场处于完全竞争状态、能够最优化配置资源的前提。具体到企业而言，这种完全信息要求就是企业内部管理人员与外部投资者以及监管者之间不存在信息差异，无论从信息数量还是信息质量而言，投资者、监管与企业管理层掌握一样的信息。受制于客观情况，理想的完全信息假设难以在现实中实现，资本市场并不总是处于完全竞争的状态。事实上，企业内部管理者与外部信息使用者之间掌握的信息往往存在较大的差异，并对资本市场的效率产生重要影响[①]。一方面，外部信息使用者很难完全了解与企业相关的全部信息。收集信息需要耗费大量的时间、精力和经济成本，特别是在企业规模庞大、业务复杂多样的情况下，完全掌握信息变得几乎不可能。此

---

① 信息不对称现象由美国经济学家阿克罗夫、斯彭斯和斯蒂格利茨于 20 世纪 70 年代提出并率先展开研究。

外，信息的技术性和专业性也可能对信息使用者合理解读信息造成障碍。另一方面，企业内部管理层出于多种目的，可能选择性地披露信息。例如，为了保护商业秘密，防止竞争对手获取关键数据，管理层可能对外界隐瞒某些敏感信息；为了维护企业形象和吸引投资者，管理层可能倾向于强调正面信息而淡化甚至掩盖负面信息。这种选择性信息披露使外部信息使用者无法全面地了解企业的真实情况，进而影响其判断和决策的质量。这种信息不对称给外部信息使用者带来了重大挑战。尤其是对于外部投资者而言，掌握的信息越充分，其评估企业价值和潜在风险的能力越强，作出正确投资决策的可能性也就越高。相反，信息不对称可能导致投资者作出错误的判断和决策，从而导致资源配置的失效，甚至损害资本市场的整体效率。

在现代公司制的企业组织形式下，投资者将经营权赋予管理层，由管理层负责企业的日常运营，其不直接参与企业具体的日常经营活动。在经营公司的过程中，管理层不但能够洞悉企业的内部状况，而且对行业发展趋势和政策环境也十分了解，从而管理层能够充分掌握和理解公司实际的经营情况。投资者主要通过公司定期或临时对外披露的财务信息和非财务信息了解公司的经营情况，然而公司对外披露的信息不但十分有限，而且往往需要经过管理层精心挑选之后才对外披露。可见，相对于投资者，就公司的实际经营情况而言，管理层存在信息优势。基于委托代理关系，投资者与管理层的利益诉求往往并不完全一致，在信息不对称的背景下，投资者难以有效评估管理层决策的全部经济后果，同时也难以及时约束管理层的不当行为。因此，管理层可以借助信息优势，从事实现自身利益最大化的机会主义行为，甚至在极端情况下，还可能会故意损害公司利益。

在资本市场中，外部投资者要想了解企业实际的经营状况和发展前景，通常需要借助外部独立且专业的注册会计师的审计活动，以降低因信息不对称导致的决策风险。公司对外公开披露的财务报告中列示的各类信息的真实性和准确性由管理层承担法律责任和道德义务。然而由于管理层面临着业绩压力、退市威胁以及管制规定等多种情境，使得管理层可能会利用与投资者之间的信息差异从事不符合企业长期利益的机会主义行为，通过虚构交易、虚列资产、忽视减值等方法出具偏离公司真实财务状况、经营成果和现金流量的财务信息。在这种情况下，作为具备专业知识和技能的外部独立第三方的审计师通过恰当地设计和实施审计程序能够识别和发现财务报表中隐含的重大错报。审计师不仅关注错误导致的错报，而且还会对涉及复杂管理层判断的会计政策的选择与运用进行深入分析，从而确保财务信息的公允表达。

因此，通过注册会计师审计能够有效改善企业财务信息的质量，增强外部信息使用者对企业财务信息的信任程度。这种信任不仅可以帮助企业在资本市场中树立良好的形象，形成良好的市场声誉，获取投资人、债权人、合作伙伴的信赖，从而降低融资成本，拓宽投资机会，并且还可以促进资本资源在市场中的有效流动。同时，法定审计活动的施行也起到了一种威慑作用，使管理层在编制财务报表时更倾向于遵守财务报告编制基础的要求，减少其不当操纵财务信息的意图或可能性。此外，社会普遍认可高质量的审计服务能够为企业带来积极的长远影响。一方面，注册会计师审计可以帮助企业及时发现内部控制存在的缺陷和企业潜在的经营风险，为管理层改进管理活动提供依据；另一方面，审计师的独立意见还为资本市场提供了更可信的信息基础，增强了市场运行的效率和稳定性。因此，审计活动不仅是降低企业内外部信息不对称的重要工具，也是维持资本市场健康发展的关键环节，具备重要的经济和社会意义。

3.3.3 声誉理论

基于代理理论，公司所有者为规范管理层的行为，通常会聘请注册会计师对公司财务报表进行审计。通过审计，能够有效规范管理层操纵财务信息的机会主义行为，从而缓和所有者与管理层之间的信息不对称程度。注册会计师作为具备专业胜任能力的外部独立第三方，其通过系统地设计和执行审计程序以验证管理层编制的财务报表是否按照企业会计准则的要求进行了公允表达，并发表独立意见。聘请的审计师提供的审计服务质量越高，审计师越可能发现隐含在财务报表中的重大错报，并越倾向于客观、公允地发表审计意见，从而对管理层行为的监督和规范效用就越强，越可能促使管理层提高财务信息质量，保障财务信息的真实性和可靠性。

然而注册会计师提供的审计服务的质量难以被外界直接观察和评估。这是因为，审计服务的质量受到审计执业过程中的一系列环节的影响。遗憾的是审计执业过程中重大错报风险的评估、审计程序的设计、审计证据的收集、审计意见的形成等环节均涉及诸多复杂、专业的审计职业判断和估计，审计师需要在有限的资源和时间内综合运用其专业知识和经验完成审计工作。由于这些执业环节通常涉及较多的审计职业判断，并且会计师事务所外部的人员往往也难以获取用于记录执业过程的工作底稿，因此，外界很难对其执业质量进行直接观察和评估。与此同时，作为审计业务最终成果的审计报告通常以标准化的格式呈现，其内容虽然重要，但所提供的增量信息有限，难以让审计服务购买者有效区分不同审计师之间提供的服务质量差异。

正因为审计服务购买者难以准确评估审计质量，审计服务市场不可避免地面临逆向选择和道德风险的双重威胁。一方面，在信息不对称的情况下，审计服务购买者为了避免支付远高于实际服务质量的费用，倾向于选择收费较低的审计师以保护自身的经济利益。然而，这种行为可能会导致高质量服务的审计师因为无法在市场中获得足够的收益而退出，从而使得市场逐渐被提供低质量服务的审计师占据。这种"劣币驱逐良币"的现象不仅削弱了审计市场的整体服务质量，还可能影响资本市场的信任基础，进一步加剧信息不对称的负面效应。另一方面，由于审计服务购买者难以有效监督审计过程和准确评估审计结果，部分审计师可能利用这一点，通过减少审计投入，避免执行成本较高的审计程序，满足于不充分、不适当的审计证据，甚至与管理层合谋等方式以获取更高的经济利益。这种行为不但可能直接损害审计服务购买者的利益，而且削弱了审计活动的独立性，损害审计师在资本市场中的形象，威胁注册会计师审计的存在基础，从而对资本市场的整体健康发展造成不良影响。

为规范审计师行为，促进注册会计师审计市场的健康发展，我国监管机构出台了一系列逐步完善的法律法规和行业规章制度。这些制度不仅为审计行业设定了清晰的执业标准，还为违规行为规定了明确的处罚措施，包括通报批评、罚款、暂停执业甚至取消执业资格等。通过严格的法律约束和行政监督，监管机构旨在遏制审计师的不当行为，提高审计质量，维护资本市场的健康运行。在法律制度、资本市场体系和投资者保护机制仍不够完善的地区，对注册会计师审计行业的行政监管虽然重要，但声誉机制在规范审计师行为方面同样不可或缺。声誉机制能够通过市场自发的调节力量激励审计师提供高质量服务。事实上，审计师只有在长期坚持高标准、严要求的执业过程中，才能逐步积累市场声誉，这种声誉既是对其专业能力的肯定，也是对其职业操守的高度认可。审计师一旦形成良好的市场声誉，就能够为审计师带来更多的客户资源、更强的议价能力。出于对自身声誉的重视，具有良好市场声誉的审计师在规范管理层行为、遏制其操纵财务信息的机会主义行为方面，往往能发挥更重要的作用。对于企业内部代理冲突较为严重的公司而言，管理层与所有者之间的信息不对称问题更加突出。为了有效监督和规范管理层的行为，缓和因信息不对称而导致的代理问题，所有者通常倾向于聘请市场声誉良好的审计师。这不仅是一种治理机制的强化，更是企业为应对外部投资者和资本市场压力所作出的理性选择。同时，聘请声誉良好的审计师还具有信号效应，通过这样的聘任决策，企业可以向市场传递自身治理结构完善、经营状况良好、财务信息真实可靠的积极信号。这一信号能够提升投资者对企业的信任程度，有助于企业吸引潜在投资者，降低融资成本，并进一步优化企业在资本市场中的形象。可见，良好的市场声誉不仅提升了审计师对客户的吸引力，还增强了审计师的议价能力。审计服务的价格在很大程度上反映了审计师的市场认可度和客户对审计质量的预期，因此，声誉良好的审计师凭借其广受认可的专业能力和职业操守，能够在审计市场中占据有利的地位。然而，一旦审计师在执业过程中出现重大过失或不当行为，导致审计失败，不仅会面临监管机构的处罚和投资者的诉讼，还将严重损害其在市场中的声誉。声誉一旦蒙羞将损害审计师及会计师事务所在客户感知中的形象，引发信任危机，导致客户流失，议价能力下降，严重的情况下甚至可能致使其彻底退出市场，给审计师及会计师事务所带来严重的经济损失。因此，为了维持和提升市场声誉，审计师有强烈的动机规范执业行为，严格遵守职业道德和执业准则。审计师不仅需要不断提高专业胜任能力，还需在审计职业过程中保持高水平的独立性和职业怀疑态度，以确保提供高质量的审计服务。声誉机制既是审计市场得以有效运行的重要保障，也是促进审计师不断规范执业行为、提升服务质量的重要动力。

3.3.4　保险理论

在信息不对称的背景下，管理层和所有者的利益并不完全一致，使得管理层基于自身利益最大化的考虑，可能存在一定的动机从事操纵财务信息的机会主义行为。粉饰财务信息的机会主义行为不仅破坏了财务信息的真实性和完整性，还可能导致公司对外披露的信息呈现出不完全、不及时、不可靠的特点，损害公司整体的信息透明度。投资者在缺乏全面、准确信息的情况下难以作出恰当的判断和决策，从而将面临较高的信息风险。在此情境下，投资者有降低和转移信息风险的强烈需求。保险理论认为，注册会计师审计的功能不仅局限于提高财务报表信息质量和增强外部信息使用者对公司财务报表信息的信任程度，更在于注册会计师审计具有一定的保险价值，即为信息使用者提供了一种寻求补偿的可能性。在保险理论的框架中，审计服务超越了单纯的鉴证职能，承担了帮助信息使用者管理财务报表信息风险的重要作用。具体而言，经由注册会计师专业的执业活动提升了财务报表的质量和可信程度，使之成为信息使用者进行决策的更为可靠的基础。然而，由于审计本身的局限性或审计师不当的执业行为，即便是经过审计的财务报表仍然可能存在重大错报。如果信息使用者作出决策的基础是这些经过审计但仍存在重大错报的财务报表信息，并因此遭受了经济损失，那么保险理论认为，他们能够以审计失败为由向审计师寻求赔偿。这种赔偿机制有效地将审计师纳入了信息使用者的索赔对象之列，扩展了财务报表信息风险的责任主体，从而在一定程度上起到了风险转移和经济保障的作用。换而言之，审计服务的购买行为可以视同为保险购买行为。企业所有者通过支付审计费用这一"保费"，以获得因不确定性财务信息风险遭受经济损失时的求偿权。这一机制使得审计服务不仅是一种外部监督工具，还成为一种经济保障手段。若企业不聘请审计师，则所有者在利用可能存在重大错报的财务报表信息进行决策并遭受损失后，只能向管理层寻求赔偿。然而，聘请审计师之后这种求偿权范围被有效扩展至管理层和审计师双方。审计师在此背景下充当了风险管理的关键角色，为信息使用者提供了额外的保障。这种风险转移机制不仅能够降低所有者直接承担的财务信息风险，还能通过强化审计师的责任边界，提高公司信息披露的质量和透明度。对于审计服务的购买者而言，注册会计师审计并不仅仅是为了满足法律法规的要求，而是一种具有高度经济价值的风险管理工具。它通过转移财务报表信息风险，帮助所有者更好地应对信息不对称带来的不确定性，从而在减少潜在损失的同时增强资本市场对企业财务信息的信任程度。

值得注意的是，审计的保险功能只有在特定条件下才能充分发挥效用，其中一个关键条件是信息使用者具备对审计师的起诉权，同时审计师能够在法律框架下承担相应的赔偿责任。审计的保险机制需要相应的法律制度为基础，尤其是针对审计师的民事诉讼制度。审计师的保险功能实质上依赖于法律的支持，使信息使用者在基于已审财务报表作出决策并遭受经济损失时，能够通过司法途径寻求补偿。这种求偿机制需要满足一定的条件，一方面，信息使用者需证明其作出的经济决策确实基于已审财务报表；另一方面，审计师在执业过程中确实存在诸如未能遵循审计准则、未能保持应有的职业怀疑、未发表适当的审计意见等过失或疏忽行为。法律责任的增强对审计师的行为形成了重要的约束和激励。执业中的过失行为可能招致信息使用者的诉讼，不仅使审计师面临高额的经济赔偿，还可能严重损害其专业声誉。因此，为了控制潜在的诉讼风险，审计师有强烈的动机在执业过程中勤勉尽责并保持高水平的独立性，确保审计质量。从保险理论的角度来看，民事诉讼风险实际上构成了一种约束机制，对审计师形成了持续的行为监督，这种监督不仅有助于提高审计服务的质量，还能增强财务信息的可靠性，从而更好地保护信息使用者的权益。

3.4 季度经营信息披露对注册会计师审计影响的机理分析

3.4.1 季度经营信息披露对资本市场参与主体的影响

为提高上市公司的信息披露质量，改善资本市场信息环境，作为上市公司一线监管主体的上海证券交易所从 2013 年 12 月开始分批次制定并颁布了行业信息披露指引。这些行业信息披露指引不仅明确了上市公司在信息披露中的具体要求，还提出了按季度（或月份）对产销量等重要经营信息进行定期披露的要求。这一监管政策在实践中被广泛认为有助于提升资本市场的透明度和投资者对公司真实经营状况的认知。从内容方面而言，这些可核验且便于理解的具体数量信息，能够更直观地反映公司的实际经营成果。通过提供清晰的经营数据，能够帮助外部信息使用者快速掌握公司在生产和销售环节的动态，进而对其真实经营状况作出更加准确的评估。

从发布频率方面而言，这些定期、连续发布的经营信息不仅为信息使用者提供了实时监控公司经营动态的渠道，还通过与季度以及年度财务报表之间的对比，为发现信息之间的不一致或重大差异提供了可能。当企业披露的经营数据与财务报表中列示的财务信息存在明显矛盾时，信息使用者可能据此质疑公司披露的信息的真实性，增强了外部信息使用者对企业信息披露行为的监督力度。因此，季度经营信息的披露不仅能够提高信息使用者对公司披露的财务信息的理解和验证能力，还在一定程度上增强了信息使用者发现财务信息操纵行为的可能性。这种信息披露环境的变化对审计师的行为具有重要影响。上市公司对外披露的年度财务报表需要经注册会计师审计，并出具审计报告。若客户公司的财务报表存在重大错报，且审计师发表了标准无保留的审计意见，那么信息使用者报告期后揭露财务报表中隐含的重大错报时，很可能追究审计师的责任。在此情境下，审计师将面临来自民事诉讼、监管处罚以及声誉受损的多重风险。为降低潜在风险可能引发的损失，审计师有动机调整执业行为。一方面，审计师可能更审慎地识别和评估重大错报风险，更系统地制定审计计划，更深入地实施审计程序以及更谨慎地评价审计证据，从而提升审计质量；另一方面，审计师也可能选择不显著增加审计投入，而是通过提高审计收费的方式以获取风险补偿。作为资本市场财务信息质量的守门员，审计师的行为对客户公司外部信息环境的变化高度敏感。考察信息披露制度改革引发的上市公司信息环境的变化对审计师执业行为的影响，不仅有助于理解审计师行为调整的动因与路径，也为全面评估我国资本市场信息披露改革在提升财务信息质量方面的实际成效提供了审计视角的经验证据。

值得注意的是，公司操纵财务信息的行为被外部信息使用者揭露的可能性的提高，也对公司的管理行为产生了深远的影响。一方面，管理层需要面对市场更高的信息透明度要求，其操纵财务信息的机会主义行为一旦被揭露，可能引发负面市场反应，不仅损害管理层的个人形象，还可能危及投资者对公司的信任水平，导致公司股价下跌，甚至招致投资者诉讼和监管处罚。因此，在财务舞弊被发现的可能性增加的背景下，管理层的操纵财务信息的动机会显著降低，转而更倾向于提高财务信息的质量，以降低违规行为被揭露的风险。另一方面，随着监管环境的趋严和对外披露信息的增多，公司受到投资者和监管者的关注程度也会相应提高。为了应对这种外部关注度带来的潜在压力，管理层通常有动机通过更高质量的财务信息披露和经营管理，向市场传递积极信号，以改善公司的外部形象和投资者关系。鉴于注册会计师审计在保障客户公司财务信息质量方面的积极作用，客户公司聘请高质量审计师也成为一种向资本市场传递积极信号的有效手段。聘请高质量的审计师不仅能够帮助公司增强信息使用者对财务报告的信赖程度，并且能够向市场传达公司治理结构完善和管理规范的积极信号。尽管审计师的选聘决策由公司的股东大会作出，但最终的决策结果在很大程度上受到公司管理层的影响。信息披露环境的变化是否促使公司选择高质量审计师，很大程度上反映了管理层对信息透明度的重视程度，对资本市场监管要求的适应能力以及公司治理中平衡内部人利益与外部投资者权益的意图。这不仅影响公司在资本市场中的信誉和投资者信心，还体现了公司管理层在应对日趋严格的信息披露环境和监管要求时的行为倾向与战略考量。因此，从上市公司的视角出发关注客户公司的审计师选择行为，考察季度经营信息披露政策引发的上市公司信息披露环境的变化对其审计师选择行为的影响，具有重要的实践价值和理论意义。

3.4.2 季度经营信息披露影响审计师行为的机理分析

一方面，季度经营信息披露提高了审计师面临的风险环境，这种风险环境的变化可能对审计师的独立性、执业谨慎性、风险敏感性以及审计工作量等产生重要影响，并最终通过审计质量得以体现。由于季度经营信息的披露不但提高了客户公司操纵财务信息的行为被外界发现的可能性，而且也提高了投资人、债权人和监管机构等对客户公司经营活动的关注程度。这种信息环境的改善，使得审计师的执业行为愈发受到外部监督和市场检验的压力。一旦审计师在执业过程中存在诸如未能保持足够的职业怀疑态度，未能与客户保持独立性，审计程序的设计与执行中存在疏漏，未能恰当评价审计证据等不当执业行为，导致未能发现财务报表中的重大错报以及发表不恰当的审计意见，审计师将面临更高的被卷入民事诉讼的可能性。此外，监管机构对审计行业的要求不断趋严，在信息透明持续提高的背景下，审计师的不当执业行为更容易受到监管机构的处罚。这些后果不仅会对审计师带来直接的经济损失，还可能严重损害其市场声誉，导致现有客户流失、潜在客户拒绝合作，并在资本市场中丧失信誉，从而陷入难以挽回的不利局面。面对这一局面，审计师为了降低民事诉讼风险、监管处罚风险和声誉蒙羞风险，有强烈的动机将审计风险控制至可接受的水平，促使审计师在审计执业过程中审慎执业、保持高水平的独立性，积极与管理层和外部专家沟通，设计和实施更为严格的审计程序，收集更为充分、适当的审计证据，谨慎发表审计意见，从而提高审计质量。

另一方面，客户公司披露季度经营信息为审计师提供了额外的决策有用信息，这种信息的公开不仅能够降低审计师在审计过程中对信息的收集成本，还能帮助审计师更深入地了解客户公司的实际经营状况。通过季度披露的详细经营数据，审计师可以获得动态且具体的经营信息，这些信息与客户公司财务报表中的成本和收入相关的会计科目联系密切。因此，这些信息的披露为审计师提供了有力的参考，帮助其更为准确地识别财务报表中可能存在的潜在重大错报领域，从而更具针对性地设计和执行审计程序，提高审计效率。此外，季度经营信息的披露还可能抑制客户公司管理层操纵财务信息的动机。这是因为更频繁的信息披露使得信息使用者更容易对财务报表和季度经营数据进行交叉验证，发现其中的不一致之处。当管理层意识到其操纵财务信息的行为可能更容易被外界察觉并招致负面后果时，其从事此类机会主义行为的意愿就会降低。管理层操纵财务信息意愿的降低在一定程度上减少了未审财务报表中存在重大错报的可能性，这降低了审计师面临的潜在审计风险，也能减少审计资源的投入。同时，潜在重大错报的减少还可能使审计师对客户公司要求的审计风险溢价有所调整，从而在一定程度上影响审计收费水平。换言之，当客户公司披露高质量的季度经营信息时，审计师可能会减少对额外审计程序的依赖，降低了因信息不对称导致的审计风险溢价，从而进一步降低了可接受的审计定价水平。可见，客户公司披露季度经营信息可能会提高审计效率、减少审计工作量和审计风险溢价，进而降低审计师可接受的审计定价。

总之，客户公司披露季度经营信息可能通过影响审计师面临的风险环境、信息收集成本、未审财务报表重大错报风险水平等方面作用于审计质量和审计收费。然而，需要注意的是，这种影响的前提是季度经营信息本身具备一定的信息含量，并且能够实质性地改变审计师对客户公司风险环境的评估。如果季度经营信息的披露未能提供有价值的增量信息，审计师面临的风险环境未发生实质性改变，未审财务报表的重大错报风险水平也未显著降低，那么审计质量和审计收费可能不会出现显著变化。

3.4.3 季度经营信息披露影响客户公司审计师选择决策的机理分析

根据代理理论，公司管理层和所有者的利益并不完全一致。作为代理人的管理层通常掌握着企业的经营权，他们基于自身利益最大化的目标，可能采取机会主义行为。事实上，由于管理层在公司日常经营和财务信息披露中占据信息优势，而所有者以及外部利益相关者对公司的了解程度受到信息不对称的限制，管理层的财务操纵行为往往难以被察觉，这进一步强化了其实施操纵行为的动机。然而，为提高资本市场信息透明度，改善上市公司的信息披露质量，上海证券交易所近年来实施了一系列行业信息披露指引。这些指引中一项重要的举措就是要求上市公司披露季度经营信息。季度经营信息的披露直接增加了管理层隐蔽其财务信息操纵行为的难度。这是因为季度经营信息的内容通常包括与企业日常运营和财务表现密切相关的关键指标，例如，产销量、订单数量、销售渠道结构等，这些信息不仅直观、可核验，还能通过定期披露形成数据链条，为投资者和其他信息使用者提供更清晰、更全面的视角。在季度经营信息披露的情况下，管理层操纵财务信息的行为更容易被外界察觉。一旦被揭露，这种行为很可能引发资本市场的强烈负向反应，导致股价下跌，投资者信心丧失，并可能招致投资者的集体诉讼以及监管机构的处罚，严重时甚至可能危及公司持续经营的能力。此外，这种行为的曝光还会削弱管理层的职业声誉，所有者在发现管理层的机会主义行为后，可能选择采取严厉措施，包括对其降职、削减薪酬，甚至解聘。更进一步，这种声誉损害可能导致管理层在经理人市场中的竞争力大幅下降，降低其未来职业发展的机会和前景。值得注意的是，这种信息披露机制不仅是对管理层的约束，同时也是一种激励。在管理层权衡利益得失的过程中，他们更有可能将精力投入改善企业运营效率、提高财务信息质量等长期有利于企业发展的行为中，以取代通过短期操纵财务报表信息获得一时之利的行为。这一机制最终将使得企业整体信息披露质量得到改善，增强投资者对企业的信任，有助于资本市场的长期稳定发展。由此可见，季度经营信息的披露在约束和激励管理层行为方面发挥了重要作用，不仅降低了其操纵财务信息的动机，同时也提高了其改善财务信息质量的意愿，从而实现了对资本市场整体信息环境的优化。

注册会计师审计制度作为资本市场中的一项重要的制度安排，在提升上市公司财务信息质量、保障资本市场健康运行方面发挥了重要作用。资本市场高度依赖准确可靠的财务信息来支持投资决策，审计师的独立性和专业能力决定了审计服务的质量及其对财务报表信息公允表达的保障程度。审计师只有在长期执业过程中坚持高标准、严要求，持续提供高质量的审计服务，才能逐步建立起良好的市场声誉。而市场声誉不仅是审计师在行业中竞争的重要无形资产，更是一种反映其审计能力和职业道德的重要标志。因此，市场声誉良好的审计师往往意味着其具备更高的专业胜任能力、更强的独立性和更优的改善财务报表信息质量的能力。对企业管理层而言，聘请市场声誉良好的审计师不仅是改善财务报表信息质量的有效手段，同时也是维护企业形象的重要策略。管理层在日常经营管理中面临来自所有者的代理冲突、市场投资者的期待以及监管机构的持续监督等诸多压力。为了缓解这些压力，管理层通常倾向于采取能够提升企业外部评价的措施，其中之一便是聘请具备良好市场声誉的审计师。审计师通过严格的审计程序和独立的审计意见，不仅能提升财务报表的信息质量，还能有效增强外部信息使用者对企业的信赖程度。同时，季度经营信息的披露机制对这一过程产生了深远影响。季度经营信息作为一种更为高频、直观、易核验的信息类型，为资本市场提供了更透明的企业运营状况和更清晰的财务表现。这种高频率信息披露不仅有助于监管机构对企业的监督，更为投资者提供了评估企业价值的重要依据。因此，随着季度经营信息的披露，企业面临的外界关注度显著提高。在这种环境下，为了应对外界关注度的上升以及可能引发的市场信任危机或负面评价，管理层有动力采取更多积极措施，以向资本市场传递正面的信号。聘请市场声誉良好的审计师正是管理层向外界传递积极信号的重要工具之一。具备良好市场声誉的审计师在资本市场享有较高的信誉，聘请其作为年报审计师的企业也因此受到更多投资者的信任和青睐。通过聘请享有较高声誉的审计师，企业能够向市场传递出治理结构健全、内部管理体系完善、财务信息质量高的积极信号。这不仅有助于吸引更多潜在投资者，还能改善企业形象，增强其在资本市场中的竞争力。因此，从信号传递视角来看，季度经营信息披露强化了上市公司聘请具备良好市场声誉的审计师的倾向。

第4章

季度经营信息披露对审计质量的影响

4.1 引言

近30年间,我国资本市场发展迅速,取得了卓越的成就①。但值得关注的是,我国资本市场仍存在明显的新兴加转轨特征,即资本市场制度体系尚不健全、市场波动较剧烈、资源配置效率较低下、监管体系完善程度较低、信息披露质量较差。事实上,我国资本市场中信息披露违规事件屡见不鲜。面对上市公司信息披露过程中存在的情况和问题,我国资本市场监管机构长期坚持推行信息披露改革,以提高上市公司的信息披露质量,改善资本市场信息环境②。作为上市公司一线监管主体的上海证券交易所从2013年12月开始分批次颁布行业信息披露指引,这些披露指引大多向上市公司提出了按季度(或月份)对产销量等重要经营信息进行定期披露的要求。从内容方面而言,这些可核验且便于理解的具体数量信息,能够帮助信息使用者了解公司的真实经营状况;从发布频率方面而言,这些定期、连续披露的经营信息不仅能够帮助信息使用者实时了解公司经营状况的变动,并且通过与季度以及年度财务信息的相互验证能够帮助信息使用者发现公司披露的信息之间的重大差异。可见,上市公司披露季度经营信息有助于信息使用者更好

---

① 1990年,沪深两市交易所的设立标志着我国资本市场的正式出现。
② 2016~2018年,证监会共处罚上市公司信息披露违法案件170件,罚款金额总计20161万元。

地理解和验证财务信息，进而提高信息使用者发现财务信息操纵行为的能力。

注册会计师审计制度作为维护和促进资本市场健康发展的重要制度安排，在规范上市公司信息披露行为、保障财务信息质量方面发挥着重要作用。上市公司的财务报表需经注册会计师审计之后方可披露，值得注意的是会计师事务所作为自负盈亏的经济单位，其提供的审计服务可视为一种商品。由于特定需求方和供给方的特征存在差异，其对审计服务质量的需求亦存在差异（DeFond and Zhang，2014）。就审计需求方而言，公司较高的风险承受水平（王永海和石青梅，2016）会提高管理层粉饰财务报表的动机，促使其倾向于选择低质量的审计服务；然而公司交叉上市（辛清泉和王兵，2010；田高良等，2017）、"沪港通"政策的施行（周冬华等，2018）以及纪委较多地参与董事会治理（周泽将和汪帅，2019）等，会抑制管理层操纵财务报表的动机，进而致使其更可能偏好高质量的审计服务。就审计供给方而言，审计师的市场声誉、面临的监管环境以及潜在遭受的诉讼风险能够影响审计师提供高质量审计服务的意愿。那么，上交所信息披露制度的改革，要求上交所上市公司定期披露季度经营信息，致使公司信息环境的变化能否实质上改变审计师面临的潜在声誉、监管以及诉讼风险，从而影响审计师提供高质量审计服务的意愿？本章对此进行研究，以期从审计质量角度，阐述上市公司季度经营信息披露的经济后果。本章研究发现，遵循上交所行业信息披露指引的要求，客户公司披露季度经营信息能够促使审计师提高审计质量。进一步分析显示，在正向操纵应计盈余、客户经济重要性程度较高、代理冲突较不突出、外部信息环境较好的公司中，季度经营信息披露对审计质量的提高作用更加明显。

本章可能的贡献包含以下几个方面：第一，本章从审计质量角度提供了上市公司披露季度经营信息之经济后果的经验证据，丰富了季度经营信息披露的文献研究。第二，本章以季度经营信息为研究对象，探析了潜在审计风险水平的变化对审计师执业质量的影响，为审计质量的影响因素提供了一定的补充贡献。第三，本章的研究结果为监管部门借助经营信息披露来改善资本市场信息环境提供了经验证据，支持了监管部门增强信息披露的市场化改革方向。

4.2 理论分析与研究假设

审计师作为向上市公司财务报表提供鉴证服务的独立第三方，其审计服务质量的优劣不仅直接关系到从事业务的审计师及其所在的会计师事务所，更对整个注册会计师审计行业的声誉、信任基础及其持续发展产生深远影响。学者们普遍认为，审计质量受到多个因素共同作用的影响，其中，审计供给方的专业胜任能力和审计需求方的真实意愿是其中关键的因素（DeFond and Zhang, 2014）。审计供给方的专业能力包括审计师的专业技能、经验积累、独立性和职业怀疑态度，这些专业能力决定了审计师是否能够有效识别财务报表中的重大错报，并以合适的方式应对已识别的重大错报。审计需求方，即客户公司，则决定了审计师在实际执业过程中所面临的挑战与复杂性，包括公司治理结构、信息披露水平、内部控制环境以及管理层的合作态度等。值得注意的是，除了审计师的专业胜任能力和客户公司的特征外，制度环境对审计质量的影响同样不可忽视，制度环境影响审计供需双方对高质量审计的追求。较为严格的法规和透明的监管体系促使审计师更加注重审计质量，以避免审计失败招致的法律责任和声誉风险，同时促使客户公司提高信息披露的透明度，减少财务操控的空间，从而共同推动高质量审计的实现。客户公司的内部治理制度和管理层对高质量审计的需求在很大程度上取决于客户公司的特征，因此，公司特征是影响审计质量的重要因素。这种影响既体现在公司内部治理机制方面，也体现在公司对高质量审计的需求方面。具体来说，一方面，公司特征直接决定了企业内部控制制度的完善程度。完善的企业内部治理制度不仅能够通过明确的权责分配和有效的监督机制约束管理层的自利动机，从而降低管理层操纵财务报表的意愿，降低审计师面临的重大错报风险，进而有利于审计质量的提高。同时还能为审计师提供一个良好的审计环境，减少了管理层对审计工作的干扰，在一定程度上有助于提高审计师获取的审计证据的数量和质量。此外，当管理层与审计师在会计处理上存在重大意见分歧时，完善的内部治理制度能够通过董事会、审计委员会等渠道，在一定程度上缓解审计师因坚持原则而面临的解约压力，从而有效保障审计师的独立性，独立性的维持有助于审计师客观公正地进行审计工作，为提供高质量的审计服务奠定了坚实的基础（McMullen，1996；Hampel，1998；Caxcello and Neal，2003；肖作平，2006；余宇莹和刘启亮，2007）。另一方面，公司特征还在很大程度上影响客户公司对高质量审计的需求。这种需求的强弱直接关系到审计环境的优化程度和审计工作的效率。具体而言，客户公司对高质量审计的需求越高，管理层越可能主动为审计师提供便利条件，通过积极配合审计程序的实施，及时提供必要的信息和文件，从而显著提高审计师的工作效率和审计证据的可靠性。此外，客户公司对高质量审计的需求能够强化对管理层机会主义行为的约束，降低管理层操纵财务报表的可能性，尤其当审计师与管理层在会计政策的判断上产生分歧时，公司对高质量审计的重视会减轻审计师的解聘风险，增强审计师坚持职业道德守则的可能性，巩固审计师在执业过程中的独立性，促使审计师能够更加专注于揭示潜在重大错报，最终提高审计质量。行政监管制度在规范市场经济主体行为、维护市场秩序、促进资本市场健康发展方面发挥着不可或缺的作用。作为资本市场的重要参与者，上市公司和审计师均受到监管制度的制约和规范，其行为需要在制度框架内进行。近年来，随着企业环境信息披露制度、融资融券制度以及监管问询函等多项旨在规范上市公司行为的监管制度的逐步实施，监管机构在强化企业信息披露质量、完善投资者保护机制等方面取得了显著成效。这些制度不仅规范了上市公司的行为，督促其在信息披露中更加透明、及时和完整，还为审计师了解客户公司提供了更加丰富和可信的信息来源，有助于审计师更全面地评估客户公司的风险环境。然而，这些监管制度在帮助审计师更好地了解客户公司的同时，也大幅增加了审计师面临的潜在风险。随着监管力度的加强，审计师在执业过程中若存在疏漏或不当行为，更容易受到监管机构的处罚。此外，监管制度的完善也提高了审计师面临诉讼的可能性，尤其是在客户公司信息披露不当或舞弊行为被揭发的情况下，投资者更可能对审计师提起诉讼。与此同时，审计师声誉受到的潜在威胁也有所增加，任何形式的审计失败都可能导致声誉蒙羞，不仅影响其未来的业务拓展，还可能导致现有客户流失。因此，逐步完善的监管体系对审计师的执业行为产生了多方面的深远影响。一方面，审计师有动机在执业过程中更加审慎，注重保持高水平的职业怀疑和独立性，积极获取充分、适当的审计证据，避免因未能尽责而导致法律和声誉风险；另一方面，审计师可能需要设计和实施更为严格的审计程序，以应对因信息披露要求增加而带来的复杂性。同时，这些变化最终会作用于审计质量的提升，通过更为全面的审计覆盖和更高的执业标准保障财务信息的可靠性和透明度（张洪辉和章琳一，2017；王溶冰，2020；陈运森，2018）。

自2013年12月起，上海证券交易所分批次发布行业信息披露指引，并对绝大多数行业提出了按季度披露经营信息的要求，旨在提高上市公司的信息披露质量，规范信息披露行为，帮助信息使用者更好地了解公司的经营状况。由于经营信息具有易于理解且难以操纵的特点，因此，披露季度经营信息不但会提高上市公司向资本市场披露信息的数量和质量，而且会增加客户公司管理层隐瞒其财务信息操纵行为的难度（刘珍瑜和刘浩，2021）。首先，季度经营信息披露能够有效地帮助信息使用者更全面、更准确地理解上市公司所提供的财务会计信息。在现代企业会计体系中，应计制是财务信息编制的重要基础，企业的各项经营活动通过复式簿记过程转化为系统化、标准化并最终以数字形式呈现的会计信息。这些会计信息虽然能够从整体上综合反映企业的财务状况、经营成果以及现金流量，但它们的高度抽象性使得外界，尤其是缺乏专业财务知识的信息使用者，往往难以透彻理解这些信息的具体含义，也难以将这些抽象的财务数据与企业实际的经营活动直接关联起来。在这种情况下，季度经营信息披露的作用显得尤为关键。上海证券交易所要求上市公司按季度披露的产销量、市场份额、关键业务进展等经营信息直接反映了企业的日常经营活动和运营情况。相较于传统财务信息，这些信息更直观、更具可读性，便于信息使用者从具体的经营活动出发，推断企业的经营模式和发展状况。这些经营信息提供了将企业实际经营活动与财务信息连接起来的桥梁，使得信息使用者能够更全面地理解财务数据以及其背后的实际含义。其次，季度信息披露有利于信息使用者发现关键项目的财务会计信息操纵。利润作为企业经营成果的核心指标，不仅是投资者衡量企业绩效的重要依据，也是管理层在市场中证明自身能力和价值的重要方式。然而，由于管理层常常面临业绩考核、股东期望、外部关注等压力，其有动机通过操纵与利润密切相关的收入和成本科目，来修饰财务报表，展现出优于实际情况的业绩表现（Dechow et al.，1996；Palmrose and Scholz，2004）。季度经营信息的披露，则为信息使用者提供了一种独立于传统财务信息的验证工具。

上市公司需定期披露产量和销量等与实际经营活动高度相关的数据，这些数据因其接近企业实际运营情况，具备较强的透明性和真实性，信息使用者可以据此对财务报表中的收入与成本数据进行交叉核验。通过对比季度经营信息披露的产销量数据与财务报表中的销售收入、主营成本等关键科目，信息使用者能够判断两者是否存在明显不一致，从而在一定程度上帮助信息使用者识别公司对利润相关会计科目的信息操纵行为。最后，季度经营信息披露有利于信息使用者及时理解和验证财务会计信息。通常情况下，上市公司一年仅披露一次经过审计的年度财务报表，年度财务报表的披露时间通常晚于列报日数月之久，这种时间上的滞后性使得信息使用者难以及时获取全面的会计信息，从而可能延误其对企业经营状况的准确判断和投资决策。即便上市公司会披露季度财务信息，但季度财务信息一般情况下未经审计，其信息质量和可信度可能低于年度财务报表，进一步增加了信息使用者理解和验证企业财务会计信息的难度。与季度财务报告披露频次一致的季度经营信息，因其具有贴近实际经营活动、内容具体直观等特点，能够很好地弥补这一信息滞后和可信度不足对信息使用者的不利影响。季度经营信息通过披露产量、销量、订单等反映企业日常运营的动态数据，为信息使用者提供了及时了解企业经营状况的窗口。这种信息能够帮助信息使用者迅速掌握企业在不同季度的经营趋势，并结合季度和年度财务报表中的相关信息，对企业的盈利能力和经营效率作出更加准确的判断。季度经营信息还因其披露频次更高而增强了信息使用者对企业运营动态变化的理解能力。与年度之间的较大时间跨度相比，季度之间的数据变化更为频繁和细微，这种短周期的动态波动往往能够反映企业更即时的经营状况，从而便于信息使用者追踪企业的发展轨迹。

可见，季度经营信息披露显著增加了客户公司操纵财务信息被外界发现的可能性，从而提升了审计师在执业过程中所面临的潜在风险水平。季度经营信息的披露不仅为信息使用者提供了更为直接的经营数据参考，还通过揭示企业实际经营活动与财务信息之间的关联，使财务信息操纵行为更容易被识别。因此，若已审财务报表中隐含重大错报且审计师未能有效识别、揭露、更正，信息使用者因依赖错误财务信息而遭受损失后更可能对审计师提起诉讼，这进一步加剧了审计师面临的诉讼风险。值得注意的是，行业信息披露作为沪深两所分行业监管改革的重要举措，提高了监管机构对特定行业和公司信息披露的关注力度。随着监管机构对企业信息披露关注度的提升，审计工作中的纰漏被揭露的可能性随之增加，这也使得审计师面临更高的行政处罚风险。诉讼和处罚不仅可能致使审计师遭受赔偿、罚款、吊销职业资格、行业禁入，甚至刑事监禁等经济和法律后果，更可能对审计师的声誉造成不可挽回的损害，并且监管处罚的公开性也会放大对审计师市场声誉的负面影响。市场声誉是审计师的核心竞争力之一，它需要长期以来通过高质量的执业行为和可靠的审计结果建立。任何诉讼或监管处罚都会对审计师的市场声誉造成直接打击，使其不仅遭受巨额经济损失，还可能失去现有客户和潜在客户的信任，从而降低其在市场中的竞争力（Cahan et al., 2009；Francis et al., 2017）。审计师一旦失去市场声誉，不仅会面临收入锐减的局面，还可能陷入职业生涯难以恢复的困境。在这种情境下，审计师为了避免审计失败，具备强烈的动机，严格约束披露季度经营信息的客户公司管理层对财务报表的操纵行为。审计师在执业过程中会更加关注管理层提供信息的完整性和准确性，并通过设计和实施更严格的审计程序来提高审计证据的质量。此外，由于季度经营信息披露带来的高风险环境，审计师会更加谨慎，保持更高水平的独立性，并在面对管理层的干扰或试图影响审计结论的行为时保持更高水平的警觉。这一过程不仅能够提升审计师的执业标准，也能够进一步保障审计服务的质量。基于上述分析，提出如下假设：

H4-1：限定其他条件，季度经营信息披露有利于提高审计质量。

4.3 研究设计

4.3.1 数据来源和样本选择

为检验上市公司季度经营信息披露对审计质量的影响，本章构建双重差分模型进行研究。为此，本章选取上交所行业信息披露指引发布前后的沪市A股相关行业上市公司作为处理组，并选取深交所对应行业的A股上市公司作为控制组，将每个行业的季度经营信息披露政策施行前两年与政策施行后两年进行对比①。由于上交所逐批次发布各行业的经营信息披露指引，因此，本章依照相应的政策实施年份对各行业数据进行前后对比，具体样本选择如表 4-1 所示。

表 4-1　　　　　　上交所行业信息披露指引的样本选择

发布日期	施行日期	涉及行业	对比期间
2013 年 12 月 26 日	2014 年 1 月 1 日	房地产 煤炭开采和洗选 石油和天然气开采	2012 年和 2013 年 vs 2014 年和 2015 年
2015 年 9 月 11 日	2015 年 10 月 1 日	电力 零售 汽车制造	2013 年和 2014 年 vs 2016 年和 2017 年
2015 年 12 月 11 日	2016 年 1 月 1 日	钢铁 服装 新闻出版	2014 年和 2015 年 vs 2016 年和 2017 年
2016 年 12 月 2 日	2017 年 1 月 1 日	酒制造 广播电视传输服务 环保服务 水的生产和供应 化工 农林牧渔	2015 年和 2016 年 vs 2017 年和 2018 年
2018 年 12 月 28 日	2019 年 1 月 1 日	食品制造 影视 家具制造 有色金属	2017 年和 2018 年 vs 2019 年和 2020 年

2013~2018 年，上交所一共发布了 27 个行业信息披露指引，本章只包含了 19 个。这是因为剔除了上交所未要求按季度（或月份）定期披露经营信息的医药制造、集成电路、医疗器械以及航空、船舶、铁路运输设备制造；指引发布之前，已经普遍按月定期披露经营信息的航空运输业；深交所要求按季度（或月份）定期披露经营信息的建筑和农林牧渔中的畜牧子行业；以及难以判断处理组和控制组的光伏和黄金珠宝饰品业。本章根据证监会行业分

---

① 对季度经营信息进行披露的要求是上交所行业信息披露指引的一个重要组成部分。

类（2012 年版），所有行业均追踪到二级行业分类，并对样本作如下筛选：（1）剔除对应样本年度内未按指引披露季度经营信息的沪市公司；（2）剔除指引发布后对应样本年度内自愿按季度（或月份）定期披露经营信息的深市公司；（3）剔除指引发布前自愿按季度（或月份）定期披露经营信息的沪、深两市公司；（4）剔除指引发布前后变更行业的公司；（5）剔除存在缺失值的样本；（6）对连续变量在上下两端 1% 分位点进行了缩尾处理（Winsorize）。上市公司披露季度经营信息的数据主要通过上交所和深交所网站检索相应上市公司的公司公告以及季度财务报表整理获得，其余数据来源于 CSMAR 数据库。

4.3.2 模型构建和变量定义

德丰等（DeFond et al., 2002）研究发现，审计师提供高质量的审计服务可以有效约束管理层操纵财务信息的机会主义行为，本章借鉴陈富生等（Chen et al., 2016）的研究经验，使用修正琼斯模型估计的操纵性应计的绝对值（|DA|）衡量审计质量。为检验季度经营信息披露对审计质量的影响，本章设定如下 OLS 回归模型：

$$|DA_{i,t}| = \beta_0 + \beta_1 TREAT_{i,t} + \beta_2 AFTER_{i,t} + \beta_3 TREAT_{i,t} \times AFTER_{i,t} + \sum CONTROLS_{i,t} + \varepsilon_{i,t} \quad (4-1)$$

在模型（4-1）中，$TREAT_{i,t}$ 为处理组和控制组的指示变量，若样本公司属于上交所 A 股上市公司，则 $TREAT_{i,t}$ 取值为 1，否则为 0。$AFTER_{i,t}$ 为相应行业的信息披露指引出台前后的时间指示变量，若样本年度在信息披露指引出台之后，则 $AFTER_{i,t}$ 取值为 1，否则为 0。$|DA_{i,t}|$ 为修正琼斯模型估计的操纵性应计的绝对值，具体而言，本章对模型（4-2）进行分行业、分年度回归，取其残差的绝对值作为审计质量的替代度量，残差的绝对值越小代表审计质量越高。在模型（4-2）中，$TA_{i,t}$ 为总应计利润，$AT_{i,t-1}$ 为总资产，$\Delta REV_{i,t}$ 为营业收入变动额，$\Delta AR_{i,t}$ 为应收账款变动额，$PPE_{i,t}$ 为固定资产净额。

$$\frac{TA_{i,t}}{AT_{i,t-1}} = \beta_0 + \beta_1 \times \frac{1}{AT_{i,t-1}} + \beta_2 \times \left(\frac{\Delta REV_{i,t}}{AT_{i,t-1}} - \frac{\Delta AR_{i,t}}{AT_{i,t-1}} \right) + \beta_3 \times \frac{PPE_{i,t}}{AT_{i,t-1}} + \varepsilon_{i,t} \quad (4-2)$$

在模型（4-1）中，控制变量（CONTROLS）包含：公司规模（SIZE）、财务杠杆（LEV）、盈利能力（ROA）、成长性（GROW）、经营能力（REV）、发展能力（DEV）、独董比例（INDEP）、两职合一（SAME）、股权集中度（SHARE），具体定义如表4-2所示。

表4-2　变量定义

变量类型	变量符号	变量定义
被解释变量	|DA|	操纵性应计的绝对值
解释变量	TREAT	指示变量，若样本公司属于处理组时，则TREAT取值为1，否则为0
	AFTER	指示变量，若样本年度在信息披露指引出台之后，则AFTER取值为1，否则为0
控制变量	SIZE	年末总资产的自然对数
	LEV	资产负债率
	ROA	总资产利润率
	GROW	营业利润增长率
	REV	应收账款与收入比
	DEV	公司的托宾Q值
	INDEP	独立董事人数占董事会总人数的比率
	SAME	董事长和总经理两职合一的虚拟变量，同一人时为1，否则为0
	SHARE	前十大股东持股比例之和

4.4　实证结果和分析

4.4.1　描述性统计

表4-3报告了本章主要变量的描述性统计结果。由表4-3可知，被解释变量审计质量（|DA|）的均值是0.062，中位数是0.041，标准差是0.069，最小值是0.001，最大值是0.422，这表明样本范围内审计师为上市公司提供的审计服务在约束应计盈余方面存在一定程度的差异。处理组和控制组的指示变量（TREAT）的均值是0.375，这表明处理组占样本总量的37.5%。事件前和事件后的指示变量（AFTER）的均值是0.548，这表明事件后的样本组占样本总量的54.8%。

表 4-3　　　　　　　　　　　主要变量描述性统计

变量	观测数	均值	标准差	最小值	25%分位数	中位数	75%分位数	最大值
|DA|	2430	0.062	0.069	0.001	0.019	0.041	0.079	0.422
TREAT	2430	0.375	0.484	0.000	0.000	0.000	1.000	1.000
AFTER	2430	0.548	0.498	0.000	0.000	1.000	1.000	1.000
SIZE	2430	22.416	1.157	20.189	21.596	22.276	23.204	25.497
LEV	2430	0.434	0.202	0.061	0.271	0.429	0.584	0.888
ROA	2430	0.051	0.049	-0.113	0.022	0.043	0.073	0.213
GROW	2430	0.116	8.329	-49.830	-0.648	-0.071	0.670	45.253
REV	2430	0.146	0.165	0.000	0.025	0.096	0.200	0.845
DEV	2430	1.940	1.108	0.920	1.220	1.557	2.239	7.011
INDEP	2430	0.372	0.054	0.250	0.333	0.333	0.429	0.714
SAME	2430	0.224	0.417	0.000	0.000	0.000	0.000	1.000
SHARE	2430	0.590	0.147	0.247	0.484	0.594	0.701	0.903

在控制变量方面，公司规模（SIZE）的均值是 22.416，中位数是 22.276，标准差是 1.157；财务杠杆（LEV）的均值是 0.434，中位数是 0.429，标准差是 0.202；盈利能力（ROA）的均值是 0.051，中位数是 0.043，标准差是 0.049；成长性（GROW）的均值是 0.116，中位数是 -0.071，标准差是 8.329；经营能力（REV）的均值是 0.146，中位数是 0.096，标准差是 0.165；发展能力（DEV）的均值是 1.940，中位数是 1.557，标准差是 1.108；独董比例（INDEP）的均值是 0.372，中位数是 0.333，标准差是 0.054；两职合一（SAME）的均值是 0.224，中位数是 0.000，标准差是 0.417；股权集中度（SHARE）的均值是 0.590，中位数是 0.594，标准差是 0.147。对比以往的研究可知，本章样本数据的分布较为合理，如表 4-3 所示。

4.4.2 多元回归分析

为了检验上市公司依据上交所行业信息披露指引的要求披露季度经营信息对审计质量的影响，本章参考德丰和张洁莹（DeFond and Zhang，2014）的研究经验，选取操纵性应计的绝对值（|DA|）作为审计质量的替代度量。模型（4-1）的多元回归结果如表 4-4 所示，审计质量（|DA|）与指示变量的交互项（TREAT×AFTER）之间的回归系数是 -0.016，且在 1% 的水平上显

著。这表明上交所行业信息披露指引施行之后，上市公司依据相应指引的要求按季度披露经营信息为审计师提供了高质量的参考数据，季度经营信息披露以动态、量化的方式展现了企业的经营状况，为审计师识别潜在风险领域以及验证财务报表数据的合理性提供了支持，降低了审计过程中信息不足所导致的误判可能性。同时，季度经营信息的披露还能与财务数据形成交叉验证，帮助审计师更有效地识别财务报表中潜在的重大错报，从而增强盈余信息的质量。在控制变量方面，财务杠杆（LEV）、盈利能力（ROA）、经营能力（REV）、发展能力（DEV）的回归系数显著为正，这表明公司杠杆水平的增加、盈利能力的提高、经营能力的增强、发展能力的提升会显著增加审计执业的难度，不利于审计师控制上市公司的盈余管理水平[①]。然而，公司规模（$SIZE$）的回归系数显著为负，这表明在控制其他影响审计质量的因素之后，公司规模的扩大在一定程度上有利于约束上市公司的盈余管理水平。

表 4–4　　　　　　　　　　主测试回归结果

变量	(1) |DA|	(2) |DA|	(3) |DA|
TREAT	0.002 (0.37)	0.001 (0.32)	0.004 (0.89)
AFTER	0.001 (0.28)	0.003 (0.98)	0.020** (2.14)
TREAT × AFTER	−0.010* (−1.76)	−0.011** (−1.99)	−0.016*** (−2.77)
SIZE		−0.002 (−0.99)	−0.006*** (−2.93)
LEV		0.065*** (6.42)	0.057*** (4.96)
ROA		0.066 (1.40)	0.136*** (2.84)
GROW		0.000 (0.11)	0.000 (−0.40)

---

① 成长性（$GROW$）在第 2 列中的回归系数为 0.0000293，在第 3 列中的回归系数为 −0.0001062。

续表

变量	(1) |DA|	(2) |DA|	(3) |DA|
REV		0.014 (1.45)	0.027** (2.45)
DEV		0.004*** (2.87)	0.003** (1.97)
INDEP		0.029 (1.15)	0.021 (0.82)
SAME		0.002 (0.44)	0.005 (1.51)
SHARE		0.009 (0.81)	-0.001 (-0.08)
Constant	0.063*** (26.19)	0.043 (1.07)	0.148*** (3.03)
年度/行业	未控制	未控制	控制
N	2430	2430	2430
Adj R^2	0.13%	2.44%	9.10%

注：***、**和*分别代表在0.01、0.05和0.1的水平上显著，括号内为T值。

4.5 进一步分析

4.5.1 操纵性应计的方向

管理层操纵应计盈余，无论是正向调增应计盈余还是负向调减应计盈余，只能在不同会计期间内改变真实盈余在时间上的分布，但企业未来经营业绩的表现会受到本期管理层盈余管理动机和方向的影响（Dechow et al.，1995；边泓等，2016）。上市公司管理层正向操纵应计盈余主要是为了避免亏损、触及股权和债券融资的门槛、达到或保留上市资质等资本市场监管制度和融资条件对企业盈余的要求（张昕等，2008）。管理层正向操纵应计盈余的目标一旦达成，人为提高的应计盈余水平将在后续年度迅速降低，从而致使企业未来经营业绩呈现下滑趋势（Chaney and Lewis，1995；陆正飞和魏涛，2006）。

"洗大澡"和"平滑收益"是管理层进行负向操纵应计盈余的主要目的。对于面临严重亏损的上市公司，管理层通常会采取"洗大澡"策略，即在当前会计年度集中确认和处理尽可能多的亏损。通过将负面财务影响集中在当前年度进行确认，使得公司在下一年度更容易实现扭亏为盈的目标。这种策略在避免公司因持续亏损而触发退市机制方面具有一定的功利性效果。在实际经营较好的年份，公司管理层可能会采取"平滑收益"的方式对应计盈余进行负向操纵。通过推迟确认收入、提前确认费用，管理层能够在当前经营状况优异的年份有意压低报告盈余，从而为未来可能面临的不确定经营环境保留调整空间（Leuz et al.，2003）。这种平滑收益的做法旨在减少盈余的波动性，营造公司业绩持续稳定增长的形象，以吸引投资者并维持公司在资本市场的良好声誉。管理层负向操纵应计盈余的行为，往往不会对企业未来经营业绩造成不利影响（许文静和王君彩，2018）。值得注意的是，企业报告的经营业绩与审计师面临的重大错报风险密切相关，管理层操纵应计盈余方向的差异会导致未审财务报表中隐含的重大错报风险水平存在差异。企业列报的经营业绩与审计师在执业过程中面临的重大错报风险密切相关，通过虚增收入、低估费用等方式对当期应计盈余进行正向操纵以提升当期财务表现，这种行为显著提升了未审财务报表的重大错报风险水平。由于经营信息的披露能够实时反映客户公司的运营状况，与季度和年度财务报表信息之间进行相互验证，客户公司信息透明度的提升使得审计师面临更加严峻的风险环境。为了应对季度经营信息披露导致的风险环境的变化，对于存在正向操纵应计盈余倾向的客户公司，审计师是否会投入更多的资源，通过加强风险评估和执行更严格的审计程序，收集更充分、适当的审计证据等手段来降低审计失败的风险呢？为了对此进行检验，本章按照修正琼斯模型估计的操纵性应计的正负方向将全样本划分为两组，一组是操纵性应计为负的样本组，另一组是操纵性应计为正的样本组，并分别对模型（4-1）进行回归。

表 4-5 列示了操纵性应计正负方向的分组回归结果，回归结果显示，在操纵性应计为负的样本组中，审计质量（|DA|）与指示变量的交互项（$TREAT \times AFTER$）之间的回归系数为负，但不显著。在操纵性应计为正的样本组中，审计质量（|DA|）与指示变量的交互项（$TREAT \times AFTER$）之间的回归系数为-0.024，且在1%的水平上显著。这表明，相比负向操纵应计的

公司，正向操纵应计的公司遵循上交所行业信息披露指引的相应要求按季度披露经营信息对审计师执业行为的影响更为显著。季度经营信息的披露使得客户公司操纵应计盈余的行为更容易被外界察觉和验证，尤其是在经营信息与财务数据之间存在明显不一致或异常时。这改变了审计师面临的风险环境，尤其是客户公司正向操纵应计盈余的行为将带给审计师更高的潜在风险。为了应对这一局面，审计师在对正向操纵应计盈余的公司提供服务时，可能采取更审慎的执业策略，保持更高水平的独立性和职业怀疑态度，从而更显著地改善审计执业结果，抑制管理层正向操纵盈余的行为，提高了财务报表信息的整体质量。

表 4-5　　操纵性应计方向的分组回归结果

变量	(1) |DA| 负向	(2) |DA| 正向
TREAT	-0.004 (-0.69)	0.009 (1.54)
AFTER	-0.010 (-0.62)	0.033*** (3.12)
TREAT × AFTER	-0.001 (-0.08)	-0.024*** (-3.30)
SIZE	-0.008*** (-2.59)	-0.005** (-2.27)
LEV	0.081*** (4.37)	0.029** (2.24)
ROA	0.431*** (6.45)	-0.219*** (-4.23)
GROW	0.000 (1.07)	0.000 (-0.42)
REV	0.050*** (3.23)	-0.022 (-1.62)
DEV	0.001 (0.26)	0.004** (2.11)
INDEP	0.063 (1.64)	-0.018 (-0.58)

续表

变量	(1) $|DA|$ 负向	(2) $|DA|$ 正向
SAME	0.012** (2.11)	0.000 (-0.12)
SHARE	-0.037** (-2.14)	0.031** (2.39)
Constant	0.196** (2.57)	0.153*** (2.63)
年度/行业	控制	控制
N	1200	1230
Adj R²	14.26%	16.99%

注：***、**分别代表在0.01、0.05的水平上显著，括号内为T值。

4.5.2 客户重要性

会计师事务所作为资本市场中独立经营的经济单位，其行为决策在一定程度上受到客户公司对于审计师的经济重要性程度的影响（张龙平和杨钦皓，2021）。鉴于客户开发成本及从后续审计及其他相关服务可能获取的准租金，使得在面对经济重要性程度较高的客户时，审计师可能更倾向于迎合客户需求，屈从于客户施加的压力，难以保持其应有的独立性和职业怀疑精神，甚至可能在未执行必要的审计程序，未能获取充分、适当的审计证据的情况下，便接受并认可客户对特定财务报表项目作出的列表和披露。同时，出于与重要客户建立良好合作关系的考量，在与客户管理层意见不一致时，审计师可能更倾向于妥协并尽力达成一致，有时甚至可能与重要客户的管理层建立私人关系，并积极配合管理层的财务报表目标和要求。可见，相比经济重要性程度较低的客户，审计师更可能纵容经济重要性程度较高的客户公司管理层的财务报表操纵行为。然而，客户公司披露季度经营信息会提高审计师面临的风险环境，审计师纵容经济重要性程度较高的客户公司管理层操纵财务报表的行为引发民事诉讼、监管处罚和声誉蒙羞的可能性增加。那么，季度经营信息披露导致的审计风险环境的变化能否打破经济重要客户带来的经济收益与潜在损失之间的平衡，从而致使审计师在对经济重要性程度较高客户的执业过程中难以轻易满足于不充分、不适当的审计证据并偏向于约束客户公司管理层对财务报表的操纵行为？为了对此进行检验，本章参考陈世敏等（Chen et al.，2010）的研究经验以客户规模计算客户公司当年对会计师事务所的经济重要性程度①，该指标越大，说明审计师对该客户的经济依赖程度越高，该客户对审计师的重要性程度越高，同时按照当年各A股上市公司对其审计师经济重要性程度的中位数将全样本划分为两组，一组是客户重要性较低的样本组，另一组是客户重要性较高的样本组，并分别对模型（4-1）进行回归。

表4-6列示了依据客户重要性分组的回归结果，回归结果显示，在客户重要性较低的样本组中，审计质量（|DA|）与指示变量的交互项（TREAT × AFTER）之间的回归系数为-0.007，但不显著。在客户重要性较高的样本组中，审计质量（|DA|）与指示变量的交互项（TREAT × AFTER）之间的回归系数为-0.021，且在1%的水平上显著。这表明相比客户重要性程度较低的公司，公司遵循上交所行业信息披露指引的相应要求，按季度披露经营信息更有利于审计师改善对经济重要性程度较高客户的审计执业结果，提高年度财务报表的信息质量。

表4-6　　　　　　　　　客户重要性的分组回归结果

变量	(1) |DA| 客户重要性较低	(2) |DA| 客户重要性较高
TREAT	0.002 (0.20)	0.006 (1.17)
AFTER	-0.008 (-0.56)	0.029** (2.43)
TREAT × AFTER	-0.007 (-0.68)	-0.021*** (-2.90)
SIZE	-0.011*** (-2.59)	-0.003 (-1.32)
LEV	0.100*** (5.57)	0.026* (1.75)

---

① 客户重要性=某一上市公司客户的总资产自然对数/会计师事务所当年所有上市公司客户的总资产自然对数总和。

续表

变量	(1) |DA| 客户重要性较低	(2) |DA| 客户重要性较高
ROA	0.208*** (2.81)	0.088 (1.34)
GROW	-0.001* (-1.84)	0.000 (0.81)
REV	0.029 (1.64)	0.033** (2.29)
DEV	0.002 (1.23)	0.006* (1.78)
INDEP	0.063 (1.59)	-0.012 (-0.38)
SAME	-0.003 (-0.65)	0.014*** (2.71)
SHARE	-0.028 (-1.34)	0.014 (1.01)
Constant	0.286*** (2.66)	0.093 (1.45)
年度/行业	控制	控制
N	990	1440
Adj R²	10.19%	11.13%

注：***、**和*分别代表在0.01、0.05和0.1的水平上显著，括号内为T值。

4.5.3 代理冲突

在两权分离的现代产权制度下，股东作为企业的所有者以及管理层作为企业的实际经营者之间存在明显的信息不对称和利益需求的不一致。这种分离本质上赋予了管理层在公司运营和信息披露中的更大话语权，而股东则更多依赖于管理层提供的财务报表和经营数据来评估公司业绩和自身投资回报。然而，这种结构也为管理层的机会主义行为提供了土壤。在这种情况下，管理层作为代理人，往往基于追求自身利益最大化的考量，可能会采取某些自利行为，从而损害公司和股东的整体利益。在以公司业绩为基础的经理人报酬制度下，管理层的薪酬通常与公司的短期业绩表现直接挂钩。为了使公司的账面业绩表现得更加优异，管理层可能会利用盈余管理手段，通过调整收入和成本的确认时间、变更会计政策等方式对公司财务数据进行人为操控（Frieder and Subrahmanyam，2006）。在以公司股价为基础的经理人激励制度下，虽然这一制度的设计初衷是为了促使管理层的利益与公司股东的利益趋同，激励管理层为公司股东创造更多价值，但实际上它也可能诱发另一种形式的机会主义行为。在这种制度下，管理层通过影响公司股价来实现自身利益最大化的动机变得更为强烈（Efendi et al.，2007）。为了提升股价，管理层可能会选择短期内迎合市场预期，但会损害公司长期发展潜力的策略。公司内部的代理冲突越严重，代理人操纵财务信息以满足个人利益的动机就越强烈（高芳，2016）。当公司内部的监督和约束机制不完善时，管理层的自利行为更加难以被察觉和制约，管理层可能会利用自身的信息优势和决策权力，操纵财务报表以满足自身利益需求。尽管季度经营信息的披露提高了审计师的风险环境，为了将审计风险控制至可接受的水平，审计师有强烈的动机提高对披露季度经营信息的客户公司的审计执业质量，但是在执行审计工作的过程中离不开客户公司的配合。对于公司内部代理冲突较严重的公司，即便审计师意图通过更为谨慎和严格的执业行为来提高审计执业质量，以应对季度经营信息披露提高的审计风险环境，但管理层未必会配合审计师的工作。代理冲突的核心在于管理层与公司所有者利益的不一致，当管理层以实现其个人利益最大化为首要目标时，其行为可能与公司整体利益或财务报表公允表达的目标相背离。为了实现自身既定的财务报表目标，管理层可能采取多种策略对审计师的执业过程施加影响。管理层可能通过提供干扰信息混淆审计师的判断，掩盖潜在问题或误导审计师对公司财务状况的评估。此外，管理层还可能利用其对企业运营的控制权，在审计程序实施过程和审计证据收集过程中设置障碍，诸如拖延提供相关资料、选择性披露信息、阻挠审计师访问关键部门或人员等。这些行为不仅增加了审计师获取充分、适当审计证据的难度，也在一定程度上削弱了审计师执行有效审计程序的能力，从而对审计质量的提升形成实质性制约。更复杂的是，对于代理冲突较为严重的公司，管理层可能在季度经营信息披露中故意提供偏向性的经营数据，使得信息使用者难以准确识别这些信息与财务报表之间的关联性。这种情况下，即便审计师试图借助季度经营信息与财务数据进行交叉验证，也可能因为信息的真实性和一致性存疑，而难以真正揭示财务信息中的重大错报。那么企业内部代理冲突是否影响季度经营信息披露对审计质量的提升作用呢？为了对此进行检验，本章参考安格等（Ang et al.，2000）的研究经验以管理费用率作为公司内部代理冲突的替代度量①，同时按照年度和行业取A股上市公司当年管理费用率的中位数，进而将全样本划分为两组，一组是代理冲突较低的样本组，另一组是代理冲突较高的样本组，并分别对模型（4-1）进行回归。

表4-7列示了依据代理成本分组的回归结果，回归结果显示，在代理冲突较低的样本组中，审计质量（|DA|）与指示变量的交互项（TREAT×AFTER）之间的回归系数为-0.017，且在5%的水平上显著。在代理冲突较高的样本组中，审计质量（|DA|）与指示变量的交互项（TREAT×AFTER）之间的回归系数为-0.013，但不显著。这表明相比内部代理冲突较高的公司，内部代理冲突较低的公司遵循上交所行业信息披露指引的相应要求，按季度披露经营信息更有利于改善审计师的审计执业结果，提高年度财务报表的信息质量。

表4-7　　代理冲突的分组回归结果

变量	（1） |DA| 代理冲突较低	（2） |DA| 代理冲突较高
TREAT	0.003 (0.52)	0.003 (0.41)
AFTER	0.024* (1.91)	0.014 (1.01)
TREAT×AFTER	-0.017** (-2.25)	-0.013 (-1.46)
SIZE	-0.009*** (-3.45)	-0.002 (-0.50)
LEV	0.075*** (4.63)	0.038** (2.32)
ROA	0.220*** (3.31)	0.038 (0.53)

---

① 管理费用率=管理费用/营业收入。

续表

变量	(1) |DA| 代理冲突较低	(2) |DA| 代理冲突较高
GROW	0.000 (-0.65)	0.000 (0.05)
REV	0.027* (1.69)	0.033** (2.06)
DEV	0.003 (1.05)	0.003 (1.49)
INDEP	-0.026 (-0.74)	0.073** (1.99)
SAME	0.007 (1.43)	0.003 (0.57)
SHARE	0.013 (0.82)	-0.014 (-0.82)
Constant	0.220*** (3.34)	0.045 (0.60)
年度/行业	控制	控制
N	1297	1133
Adj R²	11.72%	8.48%

注：***、**和*分别代表在0.01、0.05和0.1的水平上显著，括号内为T值。

4.5.4 外部信息环境

外部信息环境能够对企业行为产生重要影响。在外部信息环境较差时，企业与外部投资者之间的信息不对称程度较高，使得外部投资者难以全面、准确地了解企业的真实经营状况，致使投资者在决策时面临更大的不确定性和风险。这不仅加剧了企业获取外部融资的难度，融资成本随之上升，对企业的正常运营和长期发展形成阻碍，而且较差的外部信息环境也削弱了外部利益相关者对企业行为的监督能力，管理层在较低的外部监督压力下更可能从事机会主义行为。在外部信息环境较好时，企业与外部投资者之间的信息不对称程度能够得到有效缓解。外部利益相关者能够更全面地掌握企业的财务状况和经营动态，这不仅降低了投资者的决策风险，也增强了资本市场对企业行为的监督能力。在这种环境下，企业的违规行为更容易被外部利益相关者识别，通过信息传播渠道迅速扩散后，可能引发资本市场更为剧烈的反应。这种广泛的信息传播和市场反馈机制，形成了对管理层行为的强有力约束，促使其更加注重合规运营并避免从事可能损害企业声誉和股东利益的行为。此外，在外部信息环境较好的情况下，资本市场的信息传递效率显著提高，投资者能够更及时地了解企业动态，促使市场形成更为理性的定价机制。企业也因此更加重视信息披露的及时性和真实性，以维护投资者对公司的信任。由此可见，外部信息环境的改善不仅有助于规范管理层的行为，还通过优化企业与投资者之间的互动，提高了资本市场的运行效率和整体资源配置效率（Beyer et al., 2010；李春涛等，2014）。季度经营信息披露提高了审计师面临的审计风险环境，为了应对增加的风险，避免审计失败，审计有较强的动机提高审计质量。对于外部信息环境较好的公司，一方面，鉴于监督机制较为完善，管理层积极配合审计师工作的意愿较高，为审计工作的执行提供良好的工作环境，有利于提高审计效率；另一方面，鉴于季度经营信息披露导致企业信息环境的进一步改善，降低了管理层与审计师合谋以操纵财务信息的意愿，有利于保障审计师的独立性，从而有助于审计质量的提高。因此，外部信息环境可能影响季度经营信息披露对审计质量的提升效应。为了对此进行检验，本章参考朗等（Lang et al., 2003）、梁上坤（2017）的研究经验以分析师报告数量衡量公司的外部信息环境[①]，同时按照年度和行业取 A 股上市公司当年分析师报告数量的中位数，进而将全样本划分为两组，一组是外部信息环境较差的样本组，另一组是外部信息环境较好的样本组，并分别对模型（4-1）进行回归。

表 4-8 列示了依据外部信息环境分组的回归结果，回归结果显示，在外部信息环境较差的样本组中，审计质量（|DA|）与指示变量的交互项（TREAT×AFTER）之间的回归系数为 -0.015，但不显著。在外部信息环境较好的样本组中，审计质量（|DA|）与指示变量的交互项（TREAT×AFTER）之间的回归系数为 -0.018，且在 5% 的水平上显著。这表明相比外部信息环境较差的公司，外部信息环境较好的公司遵循上交所行业信息披露指引的相应要求，按季度披露经营信息更有利于改善审计师的审计执业结果，提高年度财务报表的信息质量。

---

① 外部信息环境 = ln(分析师报告数量 +1)。

表 4-8 信息环境的分组回归结果

变量	(1) |DA| 外部信息环境较差	(2) |DA| 外部信息环境较好
TREAT	0.008 (1.07)	0.002 (0.41)
AFTER	0.011 (0.81)	0.024* (1.91)
TREAT × AFTER	-0.015 (-1.61)	-0.018** (-2.50)
SIZE	-0.006 (-1.53)	-0.004 (-1.57)
LEV	0.049*** (2.68)	0.063*** (4.48)
ROA	0.092 (0.97)	0.213*** (3.53)
GROW	0.000 (0.07)	0.000 (-0.36)
REV	0.026* (1.74)	0.027* (1.73)
DEV	0.003 (1.06)	0.003 (1.39)
INDEP	0.084* (1.87)	-0.019 (-0.65)
SAME	-0.003 (-0.59)	0.010** (2.10)
SHARE	-0.024 (-1.29)	0.025* (1.71)
Constant	0.162* (1.85)	0.088 (1.40)
年度/行业	控制	控制
N	1112	1318
Adj R²	8.08%	9.99%

注：***、**和*分别代表在0.01、0.05和0.1的水平上显著，括号内为T值。

4.6 稳健性检验

4.6.1 替换审计质量的度量变量

借鉴古尔等（Gul et al., 2013）、吴倩等（2021）的研究经验，本部分采用审计意见激进度（AQ）作为审计质量的替代度量①。为了检验季度经营信息披露对审计质量的影响，本章重新构建如下 OLS 回归模型：

$$AQ = \beta_0 + \beta_1 TREAT + \beta_2 AFTER + \beta_3 TREAT \times AFTER + \sum CONTROLS + \varepsilon \quad (4-3)$$

由于审计意见激进度（AQ）越高，在一定程度上表明审计师提供的审计服务质量越低，因此，本章预期 β_3 的回归系数显著为负。模型（4-3）的回归结果如表 4-9 所示②。由表 4-9 可知，审计质量（AQ）与指示变量的交互项（TREAT×AFTER）之间的回归系数为 -0.087，且负向显著，这表明上市公司遵循上交所行业信息披露指引的要求，披露季度经营信息有助于促使审计师降低审计意见激进度，提高审计质量，本章的主测试回归结果较为可靠。

---

① 审计意见激进度（AQ）为审计师发表非标审计意见的合理概率（MAO）与实际审计意见之差。非标审计意见的合理概率（MAO）由以下回归模型分年度回归拟合得出。$MAO = \beta_0 + \beta_1 QUICK + \beta_2 AR + \beta_3 OTHER + \beta_4 INV + \beta_5 ROA + \beta_6 LOSS + \beta_7 LEV + \beta_8 SIZE + \beta_9 AGE + \sum IND + \varepsilon$。其中，QUICK 为速动比率，AR 为应收账款比率，OTHER 为其他应收款比率，INV 为存货比率，ROA 为资产收益率，LOSS 为是否亏损的哑变量，LEV 为财务杠杆，SIZE 为公司规模，AGE 为上市年限，IND 为行业控制变量。

② 模型（4-3）中控制变量（CONTROLS）包含：公司规模（SIZE），总资产的自然对数；财务杠杆（LEV），资产负债率；盈利能力（ROA），资产报酬率；成长性（GROW），营业利润增长率；发展能力（DEV），公司的托宾 Q 值；经营能力（REV），应收账款与收入比；现金流量（CFO），经营性现金净流量与营业总收入的比值；两职合一（SAME），董事长和总经理两职合一的虚拟变量，同一人时为 1，否则为 0；独董比例（INDEP），独立董事人数占董事会总人数的比率；股权集中度（SHARE），公司第二大股东至第十大股东持股比例之和；审计师类型（BIG），国际"四大"为 1，否则为 0。

表 4-9 替换审计质量的度量变量

变量	(1) AQ	(2) AQ	(3) AQ
TREAT	0.083 (0.40)	0.164 (0.85)	0.049 (1.26)
AFTER	4.005*** (21.40)	3.886*** (22.18)	0.218*** (3.23)
TREAT×AFTER	-1.120*** (-3.80)	-0.917*** (-3.34)	-0.087* (-1.73)
SIZE		-0.916*** (-11.44)	-0.437*** (-27.59)
LEV		3.423*** (8.56)	3.943*** (43.08)
ROA		-7.606*** (-5.79)	-10.343*** (-37.34)
GROW		-0.246 (-1.46)	-0.138*** (-3.41)
DEV		-0.501*** (-8.45)	0.145*** (11.84)
REV		-0.988*** (-16.42)	-0.274*** (-11.15)
CFO		-0.585** (-2.05)	-0.145** (-2.00)
SAME		0.019 (0.12)	-0.120*** (-3.96)
INDEP		0.539 (0.45)	0.024 (0.11)
SHARE		-0.011*** (-3.29)	0.002*** (2.90)
BIG		0.312 (0.91)	0.087 (1.42)
Constant	-12.061*** (-90.93)	8.933*** (4.91)	1.122*** (2.97)

续表

变量	(1) AQ	(2) AQ	(3) AQ
年度/行业	未控制	未控制	控制
N	2964	2964	2964
Adj R²	17.43%	30.87%	97.80%

注：***、**和*分别代表在0.01、0.05和0.1的水平上显著，括号内为T值。

4.6.2 更换操纵性应计度量模型

借鉴德乔（Dechow, 1995）的研究经验，本部分采用截面修正琼斯模型估计操纵性应计，重新带入模型（4-1）进行回归，具体的回归结果如表4-10所示①。由表4-10可知，审计质量（|DA|）与指示变量的交互项（$TREAT \times AFTER$）之间的回归系数为-0.014，且在5%的水平上显著，这表明本章的主测试回归结果较为可靠。

表4-10　　　　　　　　替换操纵性应计度量模型

变量	(1) |DA|	(2) |DA|	(3) |DA|
TREAT	0.000 (-0.10)	-0.001 (-0.28)	0.002 (0.54)
AFTER	0.006* (1.71)	0.007** (1.99)	0.022** (2.35)
TREAT×AFTER	-0.011* (-1.85)	-0.012** (-1.97)	-0.014** (-2.32)
SIZE		0.000 (-0.09)	-0.002 (-1.17)

---

① 模型A $TA_{i,t}/AT_{i,t-1} = \beta_0 1/AT_{i,t-1} + \beta_1 \Delta REV_{i,t}/AT_{i,t-1} + \beta_2 PEE_{i,t}/AT_{i,t-1} + \varepsilon_{i,t}$，模型B $NDA_{i,t} = \alpha_0 1/AT_{i,t-1} + \alpha_1 (\Delta REV_{i,t} - \Delta AR_{i,t})/AT_{i,t-1} + \alpha_2 PEE_{i,t}/AT_{i,t-1}$，模型C $DA_{i,t} = TA_{i,t}/AT_{i,t-1} - NDA_{i,t}$。其中TA为总应计利润，NDA为非操纵性应计利润，DA为操纵性应计利润，ΔREV为营业收入变动额，ΔAR为应收账款变动额，PEE为固定资产净额，AT为总资产。首先，对模型A进行分行业分年度回归；其次，将得到的回归系数代入模型B计算出NDA；最后，利用模型C计算出DA。

续表

变量	(1) |DA|	(2) |DA|	(3) |DA|
LEV		0.053*** (5.12)	0.042*** (3.74)
ROA		0.117** (2.48)	0.172*** (3.69)
GROW		0.000 (-0.18)	0.000 (-0.75)
REV		0.015 (1.48)	0.024** (2.09)
DEV		0.001 (0.93)	0.001 (0.47)
INDEP		0.016 (0.59)	0.011 (0.42)
SAME		0.002 (0.54)	0.004 (1.09)
SHARE		-0.001 (-0.08)	0.001 (0.11)
Constant	0.013*** (3.46)	-0.646** (-2.40)	-0.658** (-2.22)
年度/行业	未控制	未控制	控制
N	2430	2430	2430
Adj R²	0.36%	1.69%	6.74%

注：***、**和*分别代表在0.01、0.05和0.1的水平上显著，括号内为T值。

4.6.3 控制公司固定效应

尽管本章在主测试中控制了公司规模、财务杠杆、盈利能力等公司特征变量，但仍可能存在本章尚未控制且对研究结论具有重大影响的公司特征变量。对此，本部分在模型（4-1）的基础上进一步控制公司固定效应，用以缓和遗漏公司层面特征变量对本章研究结论的潜在影响，具体的回归结果如表4-11所示。由表4-11可知，在控制公司层面固定效应后，审计质量（|DA|）与指示变量的交互项（TREAT×AFTER）之间的回归系数为-0.018，

且在1%的水平上显著,这表明本章中主测试的回归结果较为可靠。

表4-11　　　　　　　　　　控制公司固定效应

变量	(1) |DA|	(2) |DA|	(3) |DA|
TREAT	0.000 (-0.05)	0.030* (1.82)	0.037** (2.21)
AFTER	0.005 (1.35)	-0.002 (-0.51)	0.024*** (2.62)
TREAT×AFTER	-0.017*** (-2.91)	-0.015*** (-2.59)	-0.018*** (-2.99)
SIZE		0.029** (2.33)	0.028** (2.13)
LEV		0.093*** (2.81)	0.100*** (2.95)
ROA		0.029 (0.33)	0.054 (0.58)
GROW		0.000 (-0.67)	0.000 (-0.99)
REV		-0.046 (-1.26)	-0.055 (-1.51)
DEV		0.005* (1.88)	0.001 (0.23)
INDEP		-0.063 (-0.99)	-0.056 (-0.89)
SAME		0.012* (1.65)	0.012 (1.61)
SHARE		0.049 (1.25)	0.053 (1.39)
Constant	0.013*** (3.44)	-0.654** (-2.40)	-0.673** (-2.23)
年度/行业	未控制	未控制	控制
公司	控制	控制	控制
N	2430	2430	2430
Adj R²	19.20%	21.59%	23.37%

注：***、**和*分别代表在0.01、0.05和0.1的水平上显著,括号内为T值。

4.6.4　剔除创业板样本

深圳证券交易所于2013年1月7日开始陆续对创业板公司发布行业信息

披露指引，之后于 2015 年 12 月 28 日深交所进一步开始分批发布适用于所有深交所上市公司的行业信息披露指引。一方面，深交所创业板上市公司的行业信息披露指引发布日期早于上海证券交易所；另一方面，创业板上市公司与主板上市公司在企业规模、经营风险以及成长性等方面存在一定的差异。对此，本部分剔除深交所创业板上市公司样本，重新对模型（4-1）进行回归，以缓和深交所创业板上市公司更早开始施行行业信息披露指引和其特殊性对本章研究结论的潜在影响，具体回归结果如表 4-12 所示。由表 4-12 可知，在剔除深交所创业板上市公司后，审计质量（|DA|）与指示变量的交互项（TREAT×AFTER）之间的回归系数为 -0.016，且在 1% 的水平上显著，与主测试的回归结果基本一致。

表 4-12　　　　　　　　　　剔除深交所创业板样本

变量	(1) |DA|	(2) |DA|	(3) |DA|
TREAT	0.002 (0.36)	0.001 (0.32)	0.004 (1.00)
AFTER	0.002 (0.61)	0.005 (1.20)	0.023** (2.38)
TREAT×AFTER	-0.012* (-1.91)	-0.013** (-2.12)	-0.016*** (-2.66)
SIZE		-0.003 (-1.42)	-0.006*** (-3.06)
LEV		0.064*** (5.95)	0.050*** (4.15)
ROA		0.070 (1.44)	0.139*** (2.79)
GROW		0.000 (0.77)	0.000 (0.13)
REV		0.014 (1.09)	0.035** (2.48)
DEV		0.004*** (2.74)	0.003 (1.64)
INDEP		0.045 (1.64)	0.039 (1.41)
SAME		0.002 (0.54)	0.006 (1.57)
SHARE		0.015 (1.26)	0.007 (0.63)

续表

变量	(1) |DA|	(2) |DA|	(3) |DA|
Constant	0.063*** (24.29)	0.055 (1.29)	0.141*** (2.74)
年度/行业	未控制	未控制	控制
N	2129	2129	2129
Adj R²	0.18%	2.47%	9.46%

注：***、**和*分别代表在0.01、0.05和0.1的水平上显著，括号内为T值。

4.6.5 变更缩尾水平

尽管在本章的主测试中对所有连续变量上下两端各1%进行了缩尾处理，但是仍可能存在极端异常值对本章实证结果产生重大影响的可能性。对此，本部分对所有连续变量上下两端各5%进行了缩尾处理，重新对模型（4-1）进行回归，以缓和极端异常值对本章研究结论的潜在影响，具体回归结果如表4-13所示。由表4-13可知，审计质量（|DA|）与指示变量的交互项（TREAT×AFTER）之间的回归系数为-0.010，且在5%的水平上显著，与主测试的回归结果基本一致。

表4-13　　　　　　　　　变更缩尾水平

变量	(1) |DA|	(2) |DA|	(3) |DA|
TREAT	0.000 (-0.07)	0.000 (-0.06)	0.002 (0.65)
AFTER	-0.001 (-0.45)	0.001 (0.35)	0.013** (2.11)
TREAT×AFTER	-0.007* (-1.68)	-0.008* (-1.85)	-0.010** (-2.54)
SIZE		-0.002* (-1.78)	-0.005*** (-3.61)
LEV		0.052*** (7.19)	0.047*** (5.99)
ROA		0.093*** (2.71)	0.162*** (4.66)

续表

变量	(1) |DA|	(2) |DA|	(3) |DA|
GROW		0.001 (1.14)	0.000 (-0.25)
REV		0.010 (1.24)	0.022** (2.27)
DEV		0.004*** (2.65)	0.002* (1.66)
INDEP		0.027 (1.46)	0.023 (1.23)
SAME		0.000 (0.09)	0.003 (1.04)
SHARE		-0.001 (-0.08)	-0.008 (-1.02)
Constant	0.059*** (32.00)	0.064** (2.19)	0.144*** (4.08)
年度/行业	未控制	未控制	控制
N	2430	2430	2430
Adj R²	0.30%	2.76%	9.39%

注：***、**和*分别代表在0.01、0.05和0.1的水平上显著，括号内为T值。

4.6.6 倾向匹配得分法

考虑到选择性偏差对研究样本的潜在影响，本章采用倾向匹配得分法对研究结果进行稳健性测试。在处理组和控制组指示变量（TREAT）的基础上，利用倾向得分值为上交所遵循行业信息披露指引的要求按季度披露经营信息的公司寻找特征相近的深交所对照组样本。配对过程具体如下：第一步，使用逻辑（Logit）回归模型，将公司规模（SIZE）、财务杠杆（LEV）、盈利能力（ROA）、成长性（GROW）等变量作为匹配特征进行控制，估算倾向得分值（Pscore）；第二步，使用近邻匹配方法为每个处理组公司匹配出控制组公司，近邻匹配使用1∶1匹配；第三步，使用配对出的子样本重新对模型

(4-1)进行回归。匹配结果如表4-14、表4-15所示。回归结果如表4-16所示,在使用倾向匹配得分法对控制组进行筛选后,审计质量(|DA|)与指示变量的交互项(TREAT×AFTER)之间的回归系数为-0.015,且在5%的水平上显著,原结论仍然稳健。

表4-14　　　　　　　　　倾向得分匹配回归

变量	(1) TREAT 匹配前	(2) TREAT 匹配后
SIZE	0.141** (2.48)	0.008 (0.13)
LEV	0.954*** (2.87)	-0.082 (-0.22)
ROA	0.500 (0.43)	0.242 (0.18)
GROW	-0.003 (-0.50)	-0.006 (-0.91)
REV	-3.001*** (-7.34)	-0.093 (-0.19)
DEV	0.021 (0.39)	0.038 (0.59)
INDEP	-0.533 (-0.62)	-0.457 (-0.49)
SAME	0.119 (1.05)	-0.020 (-0.16)
SHARE	0.277 (0.85)	-0.304 (-0.83)
年度/行业	控制	控制
Constant	-4.157 (-0.13)	0.555 (0.03)
N	2430	1562
Pseudo R²	13.68%	0.94%

注:***、**分别代表在0.01、0.05的水平上显著,括号内为T值。

表 4-15　　　　　　　　　　倾向得分匹配样本差异检验

变量	对照组	处理组	DIF	T值
SIZE	22.58	22.600	0.020	0.33
LEV	0.457	0.458	0.001	0.11
ROA	0.051	0.051	0.000	-0.06
GROW	0.061	0.383	0.321	0.78
REV	0.106	0.112	0.006	0.90
DEV	1.870	1.803	-0.067	-1.24
INDEP	0.372	0.373	0.001	0.45
SAME	0.219	0.223	0.004	0.18
SHARE	0.593	0.600	0.007	0.91
Propensity Score	0.424	0.425	0.001	0.07

表 4-16　　　　　　　　　　倾向得分匹配回归结果

变量	(1) |DA|	(2) |DA|	(3) |DA|
TREAT	0.006 (1.11)	0.006 (1.25)	0.006 (1.19)
AFTER	0.005 (1.03)	0.008* (1.68)	0.026** (2.30)
TREAT×AFTER	-0.013* (-1.93)	-0.015** (-2.14)	-0.015** (-2.16)
SIZE		-0.001 (-0.56)	-0.005** (-2.01)
LEV		0.058*** (4.58)	0.048*** (3.22)
ROA		0.013 (0.23)	0.079 (1.38)
GROW		0.000 (0.30)	0.000 (-0.17)
REV		0.001 (0.05)	0.017 (1.02)
DEV		0.006*** (2.66)	0.004* (1.88)

续表

变量	(1) $\lvert DA\rvert$	(2) $\lvert DA\rvert$	(3) $\lvert DA\rvert$
INDEP		0.060** (1.97)	0.054* (1.76)
SAME		0.005 (1.07)	0.009** (1.97)
SHARE		0.024* (1.78)	0.010 (0.79)
Constant	0.058*** (17.99)	0.009 (0.18)	0.099 (1.60)
年度/行业	未控制	未控制	控制
N	1562	1562	1562
Adj R²	0.08%	2.44%	8.27%

注：***、**和*分别代表在0.01、0.05和0.1的水平上显著，括号内为T值。

4.6.7 安慰剂检验

参考托帕洛娃（Topalova，2010）和吕越等（2019）的研究经验，本部分通过调整政策的实施时间检验双重差分模型的回归结果是否发生实质性改变。具体而言，本部分将上交所针对相应行业的季度经营信息披露政策的施行时间人为提前2年，再进行双重差分检验[①]。在人为调整上交所季度经营信息披露政策的施行时间之后，若是核心变量的回归系数不再显著，这意味着上交所季度经营信息披露政策导致了处理组和控制组之间的差异；若核心变量的回归系数显著，这意味着存在上交所季度经营信息披露政策之外的其他因素致使处理组和控制组之间的差异。具体回归结果如表4-17所示。由

---

① 房地产、煤炭开采和洗选、石油和天然气开采行业的对比期间人为调整为2010年和2011年对比2012年和2013年；电力、零售、汽车制造行业的对比期间人为调整为2011年和2012年对比2014年和2015年；钢铁、服装、新闻出版行业的对比期间人为调整为2012年和2013年对比2014年和2015年；酒制造、广播电视传输服务、环保服务、水的生产和供应、化工、农林牧渔行业的对比期间人为调整为2013年和2014年对比2015年和2016年；食品制造、影视、家具制造、有色金属行业的对比期间人为调整为2015年和2016年对比2017年和2018年。

表 4-17 可知，审计质量（|DA|）与指示变量的交互项（TREAT × AFTER）之间的回归系数不再显著，说明人为提前上交所季度经营信息披露政策的施行时间之后，原结论不再成立，这意味着上交所季度经营信息披露政策的实施确实是导致处理组和控制组审计质量存在显著差异的主要原因，原结论依然稳健。

表 4-17　　　　　　　　　　安慰剂检验回归结果

变量	（1） |DA|	（2） |DA|	（3） |DA|
TREAT	-0.010 * (-1.79)	-0.013 ** (-2.34)	-0.011 ** (-2.07)
AFTER	-0.013 *** (-2.91)	-0.012 *** (-2.69)	-0.019 * (-1.87)
TREAT × AFTER	0.007 (1.01)	0.009 (1.30)	0.010 (1.53)
SIZE		-0.003 (-1.50)	-0.005 ** (-2.30)
LEV		0.084 *** (7.22)	0.059 *** (4.85)
ROA		0.273 *** (5.06)	0.252 *** (4.60)
GROW		0.000 * (1.92)	0.000 (0.52)
REV		0.011 (0.87)	0.014 (1.05)
DEV		0.001 (0.27)	0.000 (-0.10)
INDEP		0.053 (1.50)	0.028 (0.85)
SAME		0.001 (0.27)	0.004 (0.97)
SHARE		0.014 (1.10)	0.015 (1.21)

续表

变量	(1) |DA|	(2) |DA|	(3) |DA|
Constant	0.079 *** (21.99)	0.067 (1.43)	0.163 ** (2.39)
年度/行业	未控制	未控制	控制
N	2113	2113	2113
Adj R²	0.50%	4.64%	15.81%

注：***、** 和 * 分别代表在 0.01、0.05 和 0.1 的水平上显著，括号内为 T 值。

4.6.8 补充控制变量

尽管本章在主测试中已经从公司规模（SIZE）、财务杠杆（LEV）、盈利能力（ROA）、成长性（GROW）、经营能力（REV）、发展能力（DEV）、独董比例（INDEP）、两职合一（SAME）和股权集中度（SHARE）方面对研究样本的特征进行了控制，但仍然可能存在遗漏控制变量问题。因此，在模型（4-1）的控制变量中进一步纳入子公司数量（SUBS）、海外业务收入（OVSEA）和是否发生亏损（LOSS）之后①，重新进行回归，具体回归结果如表 4-18 所示。由表 4-18 可知，审计质量（|DA|）与指示变量的交互项（TREAT × AFTER）之间的回归系数为 -0.013，且在 5% 的水平上显著，原结论依然稳健。

表 4-18　　　　　　　　　　补充控制变量回归结果

变量	(1) |DA|	(2) |DA|	(3) |DA|
TREAT	0.001 (0.17)	0.000 (0.06)	0.002 (0.57)
AFTER	0.001 (0.23)	0.003 (0.81)	0.018 * (1.87)
TREAT × AFTER	-0.009 (-1.59)	-0.009 (-1.59)	-0.013 ** (-2.30)

① 子公司数量（SUBS），取值为上市公司子公司总数量的算术平方根；海外业务收入（OVSEA），取值为上市公司海外总收入占营业收入的比重；是否发生亏损（LOSS），若上市公司当年发生亏损，则 LOSS 为 1，否则为 0。

续表

变量	(1) |DA|	(2) |DA|	(3) |DA|
SIZE		0.000 (-0.15)	-0.005** (-2.16)
LEV		0.065*** (6.41)	0.056*** (4.85)
ROA		0.149*** (2.98)	0.210*** (4.22)
GROW		0.000 (1.53)	0.000 (0.97)
REV		0.019* (1.93)	0.030*** (2.70)
DEV		0.003* (1.91)	0.002 (0.97)
INDEP		0.025 (1.01)	0.015 (0.60)
SAME		0.003 (0.91)	0.006* (1.73)
SHARE		0.003 (0.28)	-0.004 (-0.37)
SUBS		-0.001* (-1.77)	-0.001 (-0.83)
OVSEA		-0.014 (-1.60)	-0.003 (-0.27)
LOSS		0.046*** (4.59)	0.043*** (4.41)
Constant	0.079*** (21.99)	0.067 (1.43)	0.163** (2.39)
年度/行业	未控制	未控制	控制
N	2385	2385	2385
Adj R²	0.11%	3.59%	9.33%

注：***、**和*分别代表在0.01、0.05和0.1的水平上显著，括号内为T值。

4.7　本章小结

审计质量作为审计研究领域的核心议题，一直以来备受学术界和实务界的广泛关注。审计质量不仅关系到资本市场财务信息的可靠性和透明度，还直接影响投资者决策的科学性和资本市场的健康发展。本章从注册会计师审计质量的视角切入，旨在深入探讨上市公司披露季度经营信息所带来的经济后果。本章基于我国证券交易所行业信息披露改革的制度背景展开，自上交所和深交所逐步推行行业信息披露指引以来，部分行业的上市公司被要求按照一定频率披露季度经营信息，这一制度变革为研究信息披露对审计质量的影响提供了理想的情境。本书选取沪深两市2012~2020年A股上市公司样本数据，利用双重差分法探究上市公司季度经营信息披露对审计质量的影响。研究发现：相比于未受到季度经营信息披露政策约束的控制组公司，遵循上交所行业信息披露指引要求披露季度经营信息的客户公司，其审计师在执业过程中展现出了更高的谨慎性和独立性，审计质量显著提升。这一发现表明，季度经营信息的披露导致客户公司管理层的财务信息操纵行为更容易被外界发现，增强了审计师对潜在风险的敏感性，从而促使审计师采取更为严格的审计程序，并在执业过程中保持更高水平的职业怀疑和独立性。具体而言，季度经营信息的披露有助于提高公司信息透明度，信息环境的改善有利于审计师更好地了解被审计单位，使得审计师能够更精准地识别潜在的重大错报领域。同时，信息披露环境的改善还加剧了管理层财务信息操纵行为被揭露的风险，从而增加了审计师因不当执业遭受民事诉讼、监管处罚以及声誉蒙羞的可能性。在此背景下，审计师的风险规避倾向进一步强化，从而降低了其对客户公司财务信息操纵行为的容忍度。进一步研究发现：（1）在区分操纵性应计盈余的方向之后，相比负向操纵应计盈余的客户公司，由于正向操纵应计盈余的客户公司的财务报表中可能隐含较多的激进重大错报，因此，审计师在面对正向操纵应计盈余的客户公司时将感知到更高的执业风险压力。在此背景下，正向操纵应计盈余的公司披露季度经营信息更可能引发审计师采取更为谨慎的执业态度，通过强化审计程序的设计和执行来提高审计质量，从而有效约束管理层的财务信息操纵行为。（2）季度经营信息披露带来的审计风险提升能够在一定程度上打破审计师对经济重要客户的依赖局面。尽管经济重要客户为审计师带来稳定的收入来源，对会计师事务所的业绩指标具有重要贡献，然而季度经营信息披露带来的信息环境的改善，提高了审计师纵容此类客户管理层操纵财务信息行为被揭露的风险，加剧了审计失败引发民事诉讼、监管处罚以及声誉损失的可能性。审计师面临风险环境的加剧促使审计师更加重视风险规避，克服对经济重要客户的依赖倾向，进而增强对其管理层机会主义行为的监督和约束力度，提高整体审计质量。（3）企业内部代理冲突的严重程度在一定程度上制约了季度经营信息披露对审计质量提升的作用。在代理冲突较为严重的客户公司中，管理层与股东之间的利益冲突更为激烈，管理层更可能通过干扰审计过程来掩盖其财务信息操纵行为，季度经营信息披露对审计师执业质量的正向激励效果可能被弱化。相比之下，代理冲突不太突出的客户公司内部治理结构相对完善，能够为审计师提供更为友好的审计环境，因此，公司披露季度经营信息对审计质量的提升作用更加显著。（4）企业外部信息环境也对季度经营信息披露的效果产生重要影响。在外部信息环境较差的公司中，由于外部投资者和监管者获取信息的难度较大，管理层操纵财务信息的行为更难以被外部信息使用者识别，从而限制了季度经营信息披露对审计质量的促进作用。相比之下，在外部信息环境较好的公司中，较高的信息透明度能够更有效地约束管理层的机会主义行为，同时增强外部利益相关者对审计师执业行为的监督力度，从而季度经营信息披露对审计质量的提升具有正向影响。实施了一系列的稳健性检验包括：替换审计质量的度量变量、更换操纵性应计的度量模型、控制公司固定效应、剔除深交所创业板上市公司样本、变更连续变量的缩尾水平、利用倾向匹配得分法进行检验、进行安慰剂检验以及补充控制变量，已有研究结论依然成立。本章的研究从审计质量角度丰富了季度经营信息披露经济后果方面的文献，为监管部门了解和全面评价信息披露市场化改革的政策实施效果提供了直接证据。

第 5 章

季度经营信息披露对审计收费的影响

5.1 引言

上市公司相对较低的信息披露质量长期以来都是制约我国资本市场健康发展的重要因素。2020 年 1~11 月，在被证监会立案调查的 78 家上市公司中，66 家上市公司均牵涉信息披露违规，占比高达 84.6%[①]。作为上市公司一线监管主体的上海证券交易所，自 2013 年 12 月起，分批次发布行业信息披露指引，这些披露指引大多要求上市公司按季度（或月份）定期披露产销量等重要经营信息。这些经营数据不仅是可核查的具体数字，且易于理解，能够有效地帮助信息使用者把握公司真实的经营状况。与此同时，披露的频率也提供了定期且连续的信息更新，这使得信息使用者可以实时监控公司经营状况的变化，并通过对比季度与年度财务信息，识别出公司财务报表中潜在的重大差异或不一致之处。可见，上市公司按季度披露经营信息不仅在数量上增加了公司向外部利益相关者传递信息的频次，还在信息的透明度和可比性方面提升了其质量，从而有助于改善资本市场信息环境。

由于会计师事务所作为资本市场中独立经营的经济单位，审计师提供审计服务的重要目的之一便是获得审计收费，因此，审计收费是影响审计服务

---

① 资料来源于上海证券报，https://company.cnstock.com/company/scp_gsxw/202011/4624036.htm。

质量的重要因素，从而备受投资者、研究人员和监管机构的关注（Huang et al.，2015；李莎等，2019）。一般而言，审计收费主要由两个部分构成：一部分是为了发表客观、公允的审计意见，审计师收集必要审计证据从而投入的审计资源的价值；另一部分是审计师根据具体审计业务面临的审计风险环境要求的风险补偿溢价（Simunic，1980；Houston et al.，2005）。上市公司遵从上交所行业信息披露指引的要求，披露季度经营信息，一方面，审计师可以利用季度经营信息，从而减少信息收集成本并提高审计效率；另一方面，季度经营信息披露可能提高管理层操纵财务信息被发现的可能性，从而抑制客户公司对财务报表的操纵动机，进而减少审计师面临的审计风险水平。那么，季度经营信息披露能否减少审计收费呢？本章对此进行研究，以期从审计收费角度，阐述上市公司季度经营信息披露的经济后果。本章研究发现，遵循上交所行业信息披露指引的要求，客户公司披露季度经营信息能够促使审计师减少审计收费。进一步分析显示，在非行业专长审计师、小规模会计师事务所、融资约束程度较高、外部信息环境较差的样本中，季度经营信息披露对审计收费的降低作用更加明显，会计信息质量在季度经营信息披露与审计收费之间起到部分中介作用。

本章可能的贡献包含以下几个方面：第一，本章从审计收费角度提供了上市公司披露季度经营信息之经济后果的经验证据，丰富了季度经营信息披露之经济后果的文献研究。第二，本章以季度经营信息为研究对象，探析了审计投入成本和审计风险成本的变化对审计收费的影响，为审计收费影响因素的文献研究提供了一定的补充贡献。第三，本章的研究结果为监管部门通过推动经营信息披露来改善资本市场的信息环境提供了经验证据，进一步验证了加强信息披露市场化改革的必要性，并为监管政策的优化和调整提供了参考依据。

5.2 理论分析与研究假设

由于会计师事务所作为资本市场中独立经营的经济单位，审计师向客户公司提供审计服务的重要目的之一便是获得审计收费。审计收费主要由两个部分构成：一部分是为了发表客观、公允的审计意见，审计师收集必要审计证据从而投入的审计资源的价值;另一部分是审计师根据具体审计业务面临的审计风险环境要求的风险补偿溢价(Simunic,1980)。客户公司的内部特征、外部市场环境以及所在地的制度环境是影响审计执业成本和审计风险环境的重要因素,也是确定审计收费的重要依据(Francis et al.,2005;陈智和徐泓,2013)。就客户公司的内部特征而言,随着客户公司规模的扩大(Francis,1984;Knechel et al.,2009)、业务复杂度的提高(Craswell et al.,1995)、内部控制缺陷的增多(Martin and Randal,2009)、管理层过度自信程度的增加(王珣等,2018)、CEO薪酬的降低(David and Terry,2016)以及董事会独立性和专业能力的改善(Carcello et al.,2002),都会促使审计收费的提高;客户公司存在具有审计经历的高管(蔡春等,2015)、存在具有宗教信仰的高管(Hoffman et al.,2018)以及客户公司实施股权激励(倪小雅等,2017),则会促使审计收费的降低。就客户公司外部市场环境而言,客户公司所在地法律制度的完善(Choi and Kim,2009;刘笑霞,2013)、客户公司环境不确定性程度的增加(林钟高等,2015)、分析师对客户公司预测准确性的降低(施先旺等,2015)、媒体对客户公司的负面报道(刘启亮等,2014),都会致使审计师提高审计定价;客户公司面临高强度的产品市场竞争(邢立全和陈汉文,2013)、分析师对客户公司的跟进(周冬华和赵玉洁,2015),则致使审计师降低审计定价。就制度环境而言,会计师事务所转制为特殊普通合伙制(王昕祎和童佳,2015)、关键审计事项准则的实施(周中胜等,2020)、客户公司披露环境信息(李将敏,2015)、客户公司披露社会责任信息(朱敏等,2015)、客户公司收到交易所问询函(米莉等,2019),均会致使审计师提高审计收费。

上市公司披露季度经营信息主要从审计投入和审计风险两个方面影响审计收费。从审计投入方面,遵循上交所颁布的行业信息披露指引的要求,客户公司披露季度经营信息不但能够有效降低审计师的信息收集成本,而且有助于提高审计效率,减少审计资源的投入。碍于公司经营情况的固有波动性,无论是初次审计还是连续审计,审计师都应当在审计契约签订环节了解客户公司的经营状况,为准确评估项目整体层面重大错报风险水平奠定基础,从而帮助审计师作出恰当的客户接受或辞聘决策。然而,在季度经营信息披露制度施行之前,由于缺乏有效的公开信息来源,审计师收集客户经营信息的成本往往较高。随着季度经营信息披露制度的实施，尤其是企业动态产销量数据的披露，审计师能够更容易地获得有关客户公司经营状况的关键信息。这不仅帮助审计师能够实时了解公司的运营表现，还能有效降低审计师收集相关经营信息的成本。值得注意的是，管理层大多通过调整收入和成本相关科目对财务报表盈余进行操控，季度经营信息的披露，尤其是其中包含的主要产品产销量数据，能够为审计师提供直观的经营动态，帮助其迅速识别出收入和成本科目中的异常波动。通过对这些关键数据的分析，审计师可以更精准地发现潜在的财务报表重大错报领域，从而提高对重大错报风险的识别能力。基于对重大错报风险的精准识别，审计师能够更有针对性地设计和执行审计程序，确保审计资源更加聚焦于高风险领域，从而有效控制审计范围并提升审计工作的效率，降低审计成本，进而在一定程度上减少审计收费（李培功等，2018）。

在审计风险方面，季度经营信息的披露会抑制客户公司操纵财务信息的动机，从而降低审计师面临的声誉风险、诉讼风险和监管处罚风险。由于经营信息具有易于理解且难以操纵的特点，因此，披露季度经营信息不但会提高上市公司向资本市场披露信息的数量和质量，而且会增加客户公司管理层隐瞒其财务信息操纵行为的难度（刘珍瑜和刘浩，2021）。首先，季度经营信息披露能够帮助信息使用者更好地理解上市公司的会计信息。在应计制之下，企业的经营活动通过会计复式簿记过程最终表现为精炼抽象后，以数字计量的会计信息。虽然会计信息能够从整体上综合反映企业的财务状况、经营成果和现金流量，但是缺乏相关财务知识的信息使用者很难将其与实际经营活动相对应。由于上交所要求披露的季度经营信息是对企业实际发生的经营活动进行描述，便于信息使用者理解和判断，因此，这些经营信息可以在某些方面帮助信息使用者更好地理解会计信息，从而有助于信息使用者识别被操纵的会计信息。其次，季度信息披露有利于信息使用者发现关键项目的会计信息操纵。利润是投资者衡量企业经营业绩的重要指标，管理层操纵会计信息的重要途径之一便是调整与利润密切相关的收入和成本科目（Dechow et al.，1996；Palmrose and Scholz，2004）。上市公司对包含了生产与销售数据的季度经营信息进行披露，能够帮助信息使用者对财务报表中记录的收入和成本数据进行核验。季度经营信息中披露的产、销量数据与财务报表中披露的成本、收入数据之间的差异能够在一定程度上帮助信息使用者识别公司对利润相关会计科目的信息操纵行为。最后，季度经营信息披露有利于信息使用者及时理解和验证会计信息。由于上市公司一年仅披露一次经审计的年度财务报表，并且披露日大多晚于列报日，因此，信息使用者难以及时理解和验证企业公布的季度财务信息。季度经营信息与季度财务报告的披露频次基本一致，季度经营信息的披露有助于信息使用者及时理解和验证企业公布的季度财务信息[①]。并且，相比发生了变动的事项在年度之间的较大差异，发生了变动的事项在季度之间的动态波动更便于信息使用者理解。可见，季度经营信息的披露提高了外部信息使用者发现管理层操纵财务信息的可能性。上市公司操纵财务信息的行为一旦被揭露，不仅会招致监管处罚和投资者诉讼，而且会引发负向的市场反应。此外，季度经营信息的披露可能会增加监管者、投资者以及媒体对公司的关注度，从而抑制公司的违规行为。因此，季度经营信息披露会抑制管理层对财务信息的操纵动机，从而降低未审财务报表中存在重大错报的可能性，进而减少审计风险以及审计师要求的审计风险溢价。基于以上分析，提出本章假设：

H5–1：限定其他条件，季度经营信息披露促使审计师降低审计收费。

5.3 研究设计

5.3.1 数据来源和样本选择

为检验上市公司季度经营信息披露对审计收费的影响，本章构建双重差分模型进行研究。为此，本章选取上交所行业信息披露指引发布前后的沪市A股相关上市公司作为处理组，并选取深交所对应行业的A股上市公司作为控制组，将每个行业的季度经营信息披露政策施行前两年与政策施行后两年进行对比[②]。由于上交所逐批次发布对各行业的行业信息披露指引，因此，本章依照相应的政策实施年份对各行业数据进行前后对比，具体样本选择

[①] 部分上交所上市公司在季度财务报表中披露季度经营信息，单独披露季度经营信息的上交所上市公司大多数也是在季度财务报表披露日前后对季度经营信息进行披露。

[②] 对季度经营信息进行披露的要求是上交所行业信息披露指引的一个重要组成部分。

如表 5-1 所示。

表 5-1　　　　　　　上交所行业信息披露指引的样本选择

发布日期	施行日期	涉及行业	对比期间
2013 年 12 月 26 日	2014 年 1 月 1 日	房地产	2012 年和 2013 年 vs 2014 年和 2015 年
		煤炭开采和洗选	
		石油和天然气开采	
2015 年 9 月 11 日	2015 年 10 月 1 日	电力	2013 年和 2014 年 vs 2016 年和 2017 年
		零售	
		汽车制造	
2015 年 12 月 11 日	2016 年 1 月 1 日	钢铁	2014 年和 2015 年 vs 2016 年和 2017 年
		服装	
		新闻出版	
2016 年 12 月 2 日	2017 年 1 月 1 日	酒制造	2015 年和 2016 年 vs 2017 年和 2018 年
		广播电视传输服务	
		环保服务	
		水的生产和供应	
		化工	
		农林牧渔	
2018 年 12 月 28 日	2019 年 1 月 1 日	食品制造	2017 年和 2018 年 vs 2019 年和 2020 年
		影视	
		家具制造	
		有色金属	

2013~2018 年上交所一共发布了 27 个行业信息披露指引，本章只包含了 19 个。这是因为，剔除了上交所未要求按季度（或月份）定期披露经营信息的医药制造、集成电路、医疗器械以及航空、船舶、铁路运输设备制造；指引发布之前，已经普遍按月定期披露经营信息的航空运输业；深交所要求按季度（或月份）定期披露经营信息的建筑和农林牧渔中的畜牧子行业；难以判断处理组和控制组的光伏、黄金珠宝饰品业。本章根据证监会行业分类（2012 年版），所有行业均追踪到二级行业分类，并对样本作如下筛选：（1）剔除对应样本年度内未按指引披露季度经营信息的沪市公司；（2）剔除指引发布后对应样本年度内自愿按季度（或月份）定期披露经营信息的深市公司；（3）剔除指引发布前自愿按季度（或月份）定期披露经营信息的沪、

深两市公司；(4) 剔除指引发布前后变更行业的公司；(5) 剔除存在缺失值的样本；(6) 对连续变量在上下两端1%分位点进行了缩尾处理（Winsorize）。上市公司披露季度经营信息的数据主要通过上交所和深交所网站检索相应上市公司的公司公告以及季度财务报表整理获得，其他数据来源于国泰安数据库（CSMAR）。

5.3.2 模型构建和变量定义

为了检验季度经营信息披露对审计收费的影响，本章借鉴贝克等（Beck et al., 2010）、钱爱民等（2018）和彭雯等（2020）的研究经验，设定如下OLS回归模型：

$$FEE = \beta_0 + \beta_1 TREAT + \beta_2 AFTER + \beta_3 TREAT \times AFTER + \sum CONTROLS + \varepsilon \qquad (5-1)$$

其中，$TREAT$ 为处理组和控制组的指示变量，若样本公司属于上交所A股上市公司，则 $TREAT$ 取值为1，否则为0。$AFTER$ 为相应行业的信息披露指引出台前后的时间指示变量，若样本年度在信息披露指引出台之后，则 $AFTER$ 取值为1，否则为0。FEE 为审计收费，使用上市公司境内审计费用的自然对数衡量。

模型（5-1）中的控制变量（$CONTROLS$）包含：公司规模（$SIZE$）、财务杠杆（LEV）、盈利能力（ROA）、成长性（$GROW$）、经营能力（REV）、发展能力（DEV）、股权集中度（$SHARE$）、两职合一（$SAME$）、独董比例（$INDEP$）、审计意见（OP），具体定义如表5-2所示。

表 5-2　　　　　　　　　　　变量定义

变量类型	变量符号	变量定义
被解释变量	FEE	境内审计费用的自然对数
解释变量	TREAT	指示变量，若样本公司属于处理组时，则 TREAT 取值为1，否则为0
	AFTER	指示变量，若样本年度在信息披露指引出台之后，则 AFTER 取值为1，否则为0
控制变量	SIZE	年末总资产的自然对数
	LEV	资产负债率

续表

变量类型	变量符号	变量定义
控制变量	ROA	总资产利润率
	GROW	利润总额增长率
	REV	存货与收入比
	DEV	公司的托宾 Q 值
	SHARE	前十大股东持股比例之和
	SAME	董事长和总经理两职合一的虚拟变量,同一人时为1,否则为0
	INDEP	独立董事人数占董事会总人数的比率
	OP	被出具非标准无保留审计意见时,取值为1,否则为0

5.4 实证结果和分析

5.4.1 描述性统计

表5-3报告了本章主要变量的描述性统计结果。由表5-3可知,被解释变量审计收费(FEE)的均值是13.688,中位数是13.592,标准差是0.570,最小值是12.612,最大值是15.294,这表明样本范围内会计师事务所为上市公司提供审计服务收取的审计费用存在一定程度的差异。处理组和控制组的指示变量(TREAT)的均值是0.379,这表明处理组占样本总量的37.9%。事件前和事件后的指示变量(AFTER)的均值是0.544,这表明事件后的样本组占样本总量的54.4%。

表5-3　　　　　　　　　主要变量描述性统计

变量	观测数	均值	标准差	最小值	25%分位数	中位数	75%分位数	最大值
FEE	2575	13.688	0.570	12.612	13.305	13.592	14.078	15.294
TREAT	2575	0.379	0.485	0.000	0.000	0.000	1.000	1.000
AFTER	2575	0.544	0.498	0.000	0.000	1.000	1.000	1.000
SIZE	2575	22.390	1.171	20.116	21.552	22.259	23.187	25.484
LEV	2575	0.431	0.204	0.059	0.267	0.427	0.583	0.892
ROA	2575	0.071	0.054	-0.077	0.037	0.061	0.095	0.254
GROW	2575	0.020	6.610	-39.616	-0.607	-0.073	0.668	32.496

续表

变量	观测数	均值	标准差	最小值	25%分位数	中位数	75%分位数	最大值
REV	2575	0.487	1.014	0.002	0.086	0.155	0.308	6.062
DEV	2575	2.583	1.751	0.948	1.417	2.008	3.124	10.761
SHARE	2575	0.593	0.148	0.247	0.486	0.599	0.708	0.903
SAME	2575	0.235	0.424	0.000	0.000	0.000	0.000	1.000
INDEP	2575	0.372	0.055	0.250	0.333	0.333	0.429	0.800
OP	2575	0.027	0.162	0.000	0.000	0.000	0.000	1.000

在控制变量方面，公司规模（SIZE）的均值是 22.390，中位数是 22.259，标准差是 1.171；财务杠杆（LEV）的均值是 0.431，中位数是 0.427，标准差是 0.204；盈利能力（ROA）的均值是 0.071，中位数是 0.061，标准差是 0.054；成长性（GROW）的均值是 0.020，中位数是 -0.073，标准差是 6.610；经营能力（REV）的均值是 0.487，中位数是 0.155，标准差是 1.014；发展能力（DEV）的均值是 2.583，中位数是 2.008，标准差是 1.751；股权集中度（SHARE）的均值是 0.593，中位数是 0.599，标准差是 0.148；两职合一（SAME）的均值是 0.235，中位数是 0.000，标准差是 0.424；独董比例（INDEP）的均值是 0.372，中位数是 0.333，标准差是 0.055；审计意见（OP）的均值是 0.027，中位数是 0.000，标准差是 0.162。对比以往的研究可知，本章样本数据的分布较为合理。

5.4.2 多元回归分析

模型（5-1）的多元回归结果如表 5-4 所示。回归结果显示，审计收费（FEE）与指示变量的交互项（TREAT×AFTER）之间的回归系数是 -0.072，且在 5% 的水平上显著。这说明上交所行业信息披露指引施行之后，上市公司依据相应指引的要求按季度披露经营信息有利于促使审计师降低审计定价。在控制变量方面，盈利能力（ROA）、成长性（GROW）的回归系数显著为负，这表明公司盈利能力的提高、成长性的提升有助于减少年报审计收费。然而，公司规模（SIZE）、发展能力（DEV）、股权集中度（SHARE）的回归系数显著为正，这表明公司规模的扩大、发展能力的增强以及股权集中度的聚集致使审计师显著提高审计定价。

表 5-4　　　　　　　　　　　主测试回归结果

变量	(1) FEE	(2) FEE	(3) FEE
TREAT	0.109 *** (3.25)	-0.008 (-0.31)	-0.001 (-0.05)
AFTER	0.131 *** (4.71)	0.092 *** (4.34)	0.032 (0.68)
TREAT × AFTER	-0.077 * (-1.66)	-0.081 ** (-2.37)	-0.072 ** (-2.19)
SIZE		0.363 *** (36.46)	0.377 *** (36.07)
LEV		-0.198 *** (-3.43)	-0.070 (-1.24)
ROA		-0.491 *** (-2.85)	-0.431 ** (-2.55)
GROW		-0.004 *** (-3.82)	-0.003 *** (-2.74)
REV		-0.066 *** (-8.18)	-0.019 (-1.62)
DEV		0.027 *** (5.11)	0.027 *** (4.72)
SHARE		0.240 *** (4.15)	0.192 *** (3.44)
SAME		0.000 (-0.01)	-0.030 (-1.52)
INDEP		-0.076 (-0.48)	-0.205 (-1.34)
OP		0.095 * (1.66)	0.072 (1.46)
Constant	13.592 *** (685.58)	5.505 *** (24.50)	5.592 *** (21.94)
年度/行业	未控制	未控制	控制
N	2575	2575	2575
Adj R^2	1.12%	47.12%	53.23%

注：*** 、** 和 * 分别代表在 0.01、0.05 和 0.1 的水平上显著，括号内为 T 值。

5.5 进一步分析

5.5.1 审计师行业专长

季度经营信息披露通过降低审计师的信息收集成本，提高审计效率，从而致使审计收费降低。这一影响在不同类型审计师之间可能存在差异。对于行业专长审计师而言，其拥有该行业丰富的专业知识和执业经验，不仅能够较为准确地判断客户公司的实际经营状况，还能较好地判别管理层主观陈述的合理性，并有效锁定财务报表中的潜在重大错报领域。因此，即便客户公司没有披露季度经营信息，行业专长审计师也能够依赖其专业知识和行业经验高效完成相关的风险评估和审计工作。在这种情况下，季度经营信息的披露带给行业专长审计师的增量信息贡献可能较为有限，难以对其执业行为产生实质性的影响。然而，对于非行业专长审计师而言，其对客户公司所在行业的知识储备可能不够全面，行业执业经验可能也不够丰富，难以准确地评估客户公司的经营状况和潜在重大错报领域。此时，季度经营信息的披露为非行业专长审计师提供了更多的实时经营数据，不仅能够减少直接的经营信息收集成本，还能够帮助非行业专长审计师更准确地评估客户公司的重大错报风险，从而非行业专长审计师能够更有效地设计和执行针对性的审计程序，提升审计效率。因此，季度经营信息的披露对于非行业专长审计师而言，可能具有更高的信息价值。为了对此进行检验，本章借鉴克里希南（Krishnan，2003）、陈丽红和张龙平（2010）的研究方法，依据会计师事务所占某一行业的审计收费份额来定义审计师是否具有行业专长[①]。同时依据前 10% 的会计师事务所市场份额阈值，进而将全样本划分为两组，一组是审计师不具有行业专长的样本组，另一组是审计师具有行业专长的样本组，并分别对模型 (5-1) 进行回归。

表 5-5 列示了审计师行业专长的分组回归结果，回归结果显示，在审计

[①] 若会计师事务所在某一行业的审计收费总额占该行业审计收费总规模的比重大于 10%，则认为这家会计师事务所在这一行业具有行业专长，否则认为这家会计师事务所在这一行业不具备行业专长。

师不具有行业专长的样本组中，审计收费（FEE）与指示变量的交互项（$TREAT \times AFTER$）之间的回归系数为 -0.089，且在5%的水平上显著。在审计师具有行业专长的样本组中，审计收费（FEE）与指示变量的交互项（$TREAT \times AFTER$）之间的回归系数为 -0.020，但不显著。这表明相比具有行业专长的审计师，客户公司遵循上交所行业信息披露指引的相应要求按季度披露经营信息更有利于弥合客户公司与不具有行业专长的审计师之间的信息差异。季度经营信息的披露为审计师提供了直观且可核验的参考资料，从而在一定程度上弥补非行业专长审计师对客户公司经营实况和行业运行逻辑掌握不充分的劣势。借助客户公司披露的季度经营信息，非行业专长审计师能够更准确地了解客户及其环境，从而高效识别重大错报风险区域，并据此合理规划审计工作范围与程序，进而有效提升审计效率，降低非行业专长审计师的审计定价。

表 5-5　　　　　　　　　审计师行业专长的分组回归结果

变量	(1) FEE 非行业专长	(2) FEE 行业专长
$TREAT$	-0.029 (-0.99)	0.055 (1.21)
$AFTER$	0.045 (0.78)	0.050 (0.72)
$TREAT \times AFTER$	-0.089** (-2.30)	-0.020 (-0.34)
$SIZE$	0.376*** (29.07)	0.386*** (20.83)
LEV	-0.077 (-1.06)	-0.082 (-0.91)
ROA	-0.295 (-1.48)	-1.119*** (-3.45)
$GROW$	-0.003** (-2.42)	-0.003* (-1.83)
REV	-0.006 (-0.36)	-0.051** (-2.57)

续表

变量	(1) FEE 非行业专长	(2) FEE 行业专长
DEV	0.023*** (3.28)	0.046*** (4.37)
SHARE	0.241*** (3.56)	-0.004 (-0.05)
SAME	-0.038 (-1.58)	-0.015 (-0.46)
INDEP	-0.013 (-0.08)	-0.594* (-1.82)
OP	0.087 (1.27)	0.029 (0.38)
Constant	5.562*** (17.89)	5.412*** (11.87)
年度/行业	控制	控制
N	1733	842
Adj R²	54.16%	56.15%

注：***、**和*分别代表在0.01、0.05和0.1的水平上显著，括号内为T值。

5.5.2 会计师事务所规模

一方面，规模较大的会计师事务所在资本市场中具有较强的品牌影响力和市场声誉，其一旦发生审计失败，除了需要承担较高的经济赔偿外，还将遭受更为严重的声誉损失（Skinner and Srinivasan，2012；Robin et al.，2017）。为控制较高审计风险引发的严重后果，规模较大的会计师事务所大多倾向于通过谨慎执业将审计风险控制在可接受范围内，而非简单地通过收取审计风险溢价以对冲潜在风险。另一方面，规模较大的会计师事务所普遍具备更强的专业胜任能力和更为丰富的行业审计经验，且其内部质量控制制度也相对成熟，既能够为具体项目提供系统的专业支持与审计资源保障，又能有效约束审计师个人在执业过程中的机会主义行为（Hunt and Lulseged，2007）。因此，即便客户公司未披露季度经营信息，规模较大的会计师事务所也能够凭借既有的专业知识储备与行业理解，帮助审计师较为准确地判断客户的经营状况、识别潜在重大错报领域，并对管理层主观陈述进行合理评估。季度经营信息披露对其带来的增量信息相对有限。然而，在规模较小的会计师事务所中，由于事务所内部质量控制体系相对不完善，来自事务所层面的制度性约束和复核监督相对较弱，审计师在执业过程中通常具有更高的自主性，从而更可能接受高风险的客户。同时在遇到复杂或专业性较强的审计问题时，审计师也较难获得来自事务所层面的系统性专业支持。此时，若客户公司依据上交所颁布的行业信息披露指引的要求，按季度披露关键经营信息，不仅有助于约束管理层操纵财务信息的动机，降低财务报表中隐含的重大错报风险，从而减少审计师要求的审计风险溢价，并且客户公司通过披露具体、可核验的产销量数据等经营信息，也能够有效缓解审计师在前期风险评估与后续实质性程序设计和执行过程中的信息限制，降低其对行业专业判断与经验的依赖，从而提高小所审计师的执业效率。那么，季度经营信息披露导致的审计风险的降低以及审计师与客户公司之间信息不对称程度的缓和是否对小所审计师的行为产生更为显著的影响？为了对此进行检验，本章借鉴彭雯等（2020）的研究经验，借助中注协历年公布的《综合评价前100家会计师事务所信息》来区分会计师事务所的规模大小[①]。同时按照当年会计师事务所的排名，进而将全样本划分为两组，一组是会计师事务所规模较小的样本组，另一组是会计师事务所规模较大的样本组，并分别对模型（5-1）进行回归。

表5-6列示了会计师事务所规模的分组回归结果，回归结果显示，在会计师事务所规模较小的样本组中，审计收费（FEE）与指示变量的交互项（$TREAT \times AFTER$）之间的回归系数为-0.123，且在1%的水平上显著。在会计师事务所规模较大的样本组中，审计收费（FEE）与指示变量的交互项（$TREAT \times AFTER$）之间的回归系数为-0.036，但不显著。这表明，一方面，小规模会计师事务所的客户受到季度经营信息披露政策的影响较大，季度经营信息披露政策更能有效约束小规模会计师事务所的客户对财务信息的操纵行为，从而降低小规模会计师事务所面临的审计风险，减少小规模会计师事务所要求的审计风险溢价；另一方面，小规模会计师事务所的客户披露季度

[①] 若会计师事务所的排名位于该年的《综合评价前100家会计师事务所信息》中的前10位，则认为会计师事务所的规模较大，反之则认为会计师事务所的规模较小。

经营信息更可能弥合客户公司与审计师之间的信息差异，提高小规模会计师事务所审计师的执业效率。

表 5-6　　　　　　　　　事务所规模的分组回归结果

变量	(1) FEE 事务所规模较小	(2) FEE 事务所规模较大
TREAT	-0.041 (-1.20)	0.030 (0.90)
AFTER	0.038 (0.56)	0.021 (0.35)
TREAT×AFTER	-0.123*** (-2.72)	-0.036 (-0.80)
SIZE	0.353*** (22.99)	0.381*** (27.81)
LEV	0.005 (0.06)	-0.060 (-0.82)
ROA	-0.386* (-1.67)	-0.397 (-1.63)
GROW	-0.004** (-2.46)	-0.002 (-1.36)
REV	-0.034* (-1.77)	-0.009 (-0.60)
DEV	0.019** (2.28)	0.030*** (3.85)
SHARE	0.253*** (2.87)	0.104 (1.46)
SAME	-0.068** (-2.55)	-0.009 (-0.34)
INDEP	0.123 (0.62)	-0.535** (-2.25)
OP	0.046 (0.69)	0.051 (0.78)

续表

变量	(1) FEE 事务所规模较小	(2) FEE 事务所规模较大
Constant	6.007*** (16.22)	5.624*** (16.71)
年度/行业	控制	控制
N	1062	1513
Adj R²	55.69%	54.23%

注：***、**和*分别代表在0.01、0.05和0.1的水平上显著，括号内为T值。

5.5.3 融资约束

当公司面临的融资环境较为严峻时，管理层通常倾向于操纵会计盈余，刻意营造公司经营状况良好的表象，以维持公司在资本市场上的积极形象，从而缓和投资者和债权人对其经营能力与偿债能力的担忧，进而有助于公司获得外部资金支持，并有效控制融资成本（卢太平和张东旭，2014）。不可忽视的是，客户公司的盈余管理行为增加了财务报表中隐含的重大错报，致使审计师在执业过程中面临更为复杂和严峻的风险环境。为将审计风险控制在可接受的范围内，审计师必须投入更多的审计资源，增加审计工时，从而导致更高的审计执业成本。同时，由于整体风险环境的恶化，审计师承担的潜在风险成本也相应增加，为补偿这一增加的风险敞口，审计师通常会要求更高的审计风险溢价。上交所要求披露的季度经营信息中通常包含公司主要产品的产销量等关键经营数据，而上市公司管理层则往往通过收入和成本相关会计科目的调整来实现盈余操纵。由于产销量等关键经营数据较为客观，能够直观地反映公司的经营活动，并且其变动趋势应与会计核算的收入与成本波动具有较高的一致性。因此，外部信息使用者可以将公司披露的经营数据与财务报表中列示的相关科目数据进行比对，一旦发现二者之间存在显著不匹配或异常偏离，便可能引发信息使用者的警觉。可见，季度经营信息的披露为信息使用者提供了重要的交叉验证依据，增强其识别管理层盈余操纵行为的能力，从而在一定程度上抑制管理层操纵财务信息的动机。对于融资约束程度较高的公司而言，其管理层通常面临更大的外部融资压力，因而具有更强烈的盈余管理动机。季度经营信息的披露提高了盈余操纵行为被识别的可能性，对公司管理层的机会主义行为形成了约束效应。相较于融资约束程度较低的公司，这一约束效应在融资约束程度较高的公司中更为显著，有助于更大范围地减少财务报表中潜在的重大错报，从而审计资源投入和审计风险敞口的下降程度也相对更大，进而可能导致审计收费更显著的降低。为了对此进行检验，本章参考拉蒙特等（Lamont et al.，2001）、罗长远和季心宇（2015）的研究经验，使用 KZ 指数衡量公司面临的融资约束水平①，KZ 指数越高，表明公司面临的融资约束程度越高。同时按照年度和行业取 A 股上市公司当年 KZ 指数的中位数，进而将全样本划分为两组，一组是公司面临的融资约束程度较低的样本组，另一组是公司面临的融资约束程度较高的样本组，并分别对模型（5-1）进行回归。

表 5-7 列示了公司融资约束的分组回归结果，回归结果显示，在公司面临的融资约束程度较低的样本组中，审计收费（FEE）与指示变量的交互项（TREAT×AFTER）之间的回归系数为 -0.039，但不显著。在公司面临的融资约束程度较高的样本组中，审计收费（FEE）与指示变量的交互项（TREAT×AFTER）之间的回归系数为 -0.125，且在 5% 的水平上显著。这表明相比融资约束程度较低的公司，遵循上交所行业信息披露指引的相应要求按季度披露经营信息更可能约束融资约束程度较高的公司对盈余信息的操纵行为，降低财务报表的重大错报风险，从而致使审计师减少审计投入和审计风险溢价，进而降低审计师对融资约束程度较高客户的审计定价。

表 5-7　　　　　　　　　融资约束的分组回归结果

变量	(1) FEE 融资约束较低	(2) FEE 融资约束较高
TREAT	0.008 (0.23)	-0.011 (-0.31)
AFTER	0.029 (0.50)	0.057 (0.79)

---

① $KZ = -1.002 \times Cashflow/K + 0.283 \times Q + 3.139 \times DAR - 39.368 \times DIV/K - 1.315 \times Cash/K$。其中，$K$ 为使用企业的资产总额度量，$Cashflow$ 为使用企业经营活动产生的现金流净额度量，Q 为使用托宾 Q 值度量，DAR 为使用企业的财务杠杆度量，DIV 为使用企业派发的红利度量，$Cash$ 为使用企业的现金持有度量。

续表

变量	(1) FEE 融资约束较低	(2) FEE 融资约束较高
TREAT×AFTER	-0.039 (-0.90)	-0.125** (-2.57)
SIZE	0.375*** (24.45)	0.391*** (26.78)
LEV	-0.036 (-0.37)	0.153 (1.32)
ROA	-0.271 (-1.21)	-0.671*** (-2.60)
GROW	-0.001 (-0.39)	-0.004*** (-2.89)
REV	0.011 (0.62)	-0.067*** (-3.72)
DEV	0.025*** (2.80)	0.038*** (4.75)
SHARE	0.357*** (4.76)	-0.058 (-0.67)
SAME	-0.072*** (-2.69)	0.023 (0.81)
INDEP	0.009 (0.04)	-0.380* (-1.69)
OP	0.165** (2.10)	-0.001 (-0.02)
Constant	5.445*** (14.58)	5.324*** (14.63)
年度/行业	控制	控制
N	1386	1189
Adj R^2	53.28%	53.56%

注：***、**和*分别代表在0.01、0.05和0.1的水平上显著，括号内为T值。

5.5.4 外部信息环境

对于外部信息环境较好的公司而言，其经营活动和信息披露行为通常受到外部信息使用者持续且深入的解读与监督。在此背景下，公司披露的信息一旦存在信息失真或盈余操纵行为，更容易被外部信息使用者识别，从而引发更广泛的市场反应和更迅速的监管介入。因此，这类公司与外部信息使用者之间的信息不对称程度相对较低，管理层出于机会主义动机操纵财务信息的空间受限，相应的动机也较弱。然而，对于外部信息环境较差的公司而言，外部信息使用者难以及时、全面地识别和解读公司对外披露的各类信息，从而使管理层的盈余操纵行为更难被察觉与制约。同时，即便信息失真被揭露，也较难引发资本市场的广泛关注和监管机构的迅速介入。因此，外部信息环境较差的公司不但与信息使用者之间存在较高程度的信息不对称，而且其财务信息失真的潜在后果也相对较弱，从而增强了管理层从事机会主义行为的动机。季度经营信息的披露有助于缓解外部信息环境较差公司与外部利益相关者之间的信息不对称程度，从而提升外部监督的有效性。相较于外部信息环境较好的公司，外部信息环境薄弱的公司管理层可能利用较为不透明的信息环境，从事盈余操纵等机会主义行为。因此，季度经营信息的披露对这类公司管理层的约束效应可能更为显著，有助于压缩其盈余管理的空间。随着管理层盈余操纵行为的减少，审计师对此类客户的审计资源投入和面临的审计风险也相应降低，促使审计定价下调。为了对此进行检验，本章参考朗等（2003）和梁上坤（2017）的研究经验以分析师报告数量衡量公司的外部信息环境[①]，同时按照年度和行业取 A 股上市公司当年分析师报告数量的中位数，进而将全样本划分为两组，一组是外部信息环境较差的样本组，另一组是外部信息环境较好的样本组，并分别对模型（5-1）进行回归。

表 5-8 列示了公司外部信息环境的分组回归结果，回归结果显示，在公司外部信息环境较差的样本组中，审计收费（FEE）与指示变量的交互项（$TREAT \times AFTER$）之间的回归系数为 -0.122，且在1%的水平上显著。在公司外部信息环境较好的样本组中，审计收费（FEE）与指示变量的交互项（$TREAT \times AFTER$）之间的回归系数为 -0.029，但不显著。这表明相比外部信息环境较好的公司，公司遵循上交所行业信息披露指引的相应要求按季度披露经营信息更可能缩小外部信息环境较差的客户公司与外部信息使用者之间的信息差异，增强外部监督的有效性，从而更可能减少外部信息环境较差

[①] 外部信息环境 = ln(分析师报告数量 + 1)。

的客户公司管理层操纵财务信息的行为。信息质量的提升有助于降低审计师在执业过程中所面临的风险水平与资源投入,因而更显著地降低其对外部信息环境较差客户的审计定价。

表 5-8　　　　　　　　　　信息环境的分组回归结果

变量	(1) FEE 外部信息环境较差	(2) FEE 外部信息环境较好
TREAT	0.037 (1.10)	-0.031 (-0.89)
AFTER	0.036 (0.54)	0.042 (0.67)
TREAT × AFTER	-0.122*** (-2.71)	-0.029 (-0.63)
SIZE	0.357*** (18.47)	0.402*** (28.66)
LEV	0.070 (0.89)	-0.157* (-1.89)
ROA	-0.050 (-0.19)	-0.443* (-1.87)
GROW	-0.004*** (-3.00)	-0.002 (-1.17)
REV	0.005 (0.38)	-0.043** (-2.02)
DEV	0.040*** (4.52)	0.025*** (3.17)
SHARE	0.021 (0.26)	0.320*** (3.85)
SAME	0.040 (1.42)	-0.083*** (-3.09)
INDEP	-0.080 (-0.35)	-0.298 (-1.51)
OP	0.018 (0.30)	0.108 (1.23)

续表

变量	(1) FEE 外部信息环境较差	(2) FEE 外部信息环境较好
Constant	6.102*** (13.39)	4.925*** (14.07)
年度/行业	控制	控制
N	1195	1380
Adj R²	48.17%	54.07%

注：***、**和*分别代表在0.01、0.05和0.1的水平上显著，括号内为T值。

5.5.5 会计信息质量

审计风险溢价是驱动审计师提高审计定价的重要因素之一。客户公司的会计信息质量越差，财务报表中隐含的重大错报可能越多，发生审计失败的可能性亦趋于上升，审计师遭受的潜在民事诉讼风险、监管处罚风险、声誉蒙羞风险也就越高。为了抵补由此产生的潜在经济和声誉损失，审计师通常会通过提高审计收费的方式要求更高的风险补偿。对于会计信息质量较高的客户公司而言，审计师在执业过程中面临的重大错报风险相对较低，因审计失败而遭受民事诉讼、监管处罚或声誉蒙羞等潜在后果的可能性亦相对较小，因此，对审计风险溢价的要求也相对较低，更容易接受较低的审计定价。客户公司遵循上交所行业信息披露指引的要求披露季度经营信息，有助于约束管理层操纵财务信息的机会主义行为，从而在一定程度上提高财务报表的信息质量。那么季度经营信息披露导致的会计信息质量的提升能否促使审计师接受更低水平的审计风险溢价，进而降低审计收费？

本章采用逐步检验法验证上述推断。本章参考于连超等（2018）的研究经验，使用盈余平滑度（ES）作为上市公司会计信息质量的替代度量①。具体检验步骤为：（1）检验季度经营信息披露与审计收费之间的回归系数是否显著，回归结果已列于表5-4中，审计收费（FEE）与指示变量的交互项（TREAT × AFTER）之间的回归系数是 -0.072，且在5%的水平上显著；

---

① 盈余平滑度的度量方法参照弗朗西斯等（2004）、游家兴和李斌（2007）的研究经验。

(2) 检验盈余平滑度与季度经营信息披露之间的回归系数是否显著；(3) 将盈余平滑度纳入本章的主测试模型中，检验季度经营信息披露的回归系数显著与否。步骤 (2)、步骤 (3) 的回归结果如表 5-9 所示，盈余平滑度 (ES) 与指示变量的交互项 (TREAT×AFTER) 之间的回归系数是 -1.263，且显著为负，这表明上市公司遵循上交所行业信息披露指引的要求披露季度经营信息有利于降低盈余平滑度，抑制管理层对公司业绩波动的平滑操纵，提高上市公司的会计信息质量。同时，在模型 (5-1) 中纳入盈余平滑度 (ES) 之后，审计收费 (FEE) 与指示变量的交互项 (TREAT×AFTER) 之间的回归系数是 -0.133，且在 1% 的水平上负向显著，表明盈余平滑度在季度经营信息披露与审计收费之间起到部分中介作用①。

表 5-9　　　　　　　　　　会计信息质量的回归结果

变量	(1) ES	(2) FEE
TREAT	0.675 (1.40)	-0.024 (-0.80)
AFTER	0.422 (0.40)	0.059 (0.96)
TREAT×AFTER	-1.263* (-1.74)	-0.133*** (-2.98)
ES		-0.003** (-2.04)
SIZE	-0.454** (-2.00)	0.409*** (29.23)
LEV	5.221*** (4.36)	-0.198** (-2.53)
ROA	-12.681*** (-4.03)	-0.601** (-2.52)
GROW	0.148*** (4.94)	-0.003** (-2.35)

① Sobel 中介效应检验的 Z 值为：2.330。

续表

变量	(1) ES	(2) FEE
REV	0.361 (1.17)	-0.012 (-0.94)
DEV	-0.471*** (-3.51)	0.044*** (5.00)
SHARE	0.068 (0.05)	0.141* (1.91)
SAME	1.417** (2.36)	-0.043 (-1.45)
INDEP	0.356 (0.12)	-0.388* (-1.95)
OP	-1.860*** (-2.95)	0.048 (0.74)
Constant	12.807** (2.21)	4.999*** (14.47)
年度/行业	控制	控制
N	1500	1500
Adj R^2	14.66%	55.16%

注：***、**和*分别代表在 0.01、0.05 和 0.1 的水平上显著，括号内为 T 值。

5.6 稳健性检验

5.6.1 控制公司固定效应

尽管本章在主测试中控制了公司规模、财务杠杆、盈利能力等公司特征变量，但仍可能存在本章尚未控制且对研究结论具有重大影响的公司特征变量。对此，本部分在模型（5-1）的基础上进一步控制公司固定效应，用以缓和遗漏公司层面特征变量对本章研究结论的潜在影响，具体回归结果如表 5-10 所示。由表 5-10 可知，在控制公司层面固定效应后，审计收费（FEE）与指示变量的交互项（TREAT×AFTER）之间的回归系数为 -0.072，且在 1% 的水平上显著，这表明本章中主测试的实证结果较为可靠。

表 5-10　　　　　　　　　控制公司固定效应

变量	(1) FEE	(2) FEE	(3) FEE
TREAT	-0.018 (-1.20)	-0.123*** (-3.36)	0.063 (1.11)
AFTER	0.182*** (17.16)	0.068*** (6.70)	0.060*** (3.55)
TREAT×AFTER	-0.100*** (-6.62)	-0.069*** (-5.26)	-0.072*** (-5.48)
SIZE		0.383*** (12.96)	0.384*** (12.19)
LEV		-0.077 (-0.96)	-0.080 (-0.97)
ROA		-0.101 (-0.79)	-0.235* (-1.77)
GROW		-0.001* (-1.83)	-0.001 (-1.32)
REV		-0.029** (-2.33)	-0.026** (-2.05)
DEV		0.006 (1.26)	0.018*** (3.30)
SHARE		0.046 (0.52)	0.013 (0.15)
SAME		0.021 (1.15)	0.025 (1.33)
INDEP		-0.064 (-0.50)	-0.092 (-0.72)
OP		0.066** (2.07)	0.055* (1.76)
Constant	12.835*** (1210.05)	4.936*** (8.05)	5.333*** (7.98)
年度/行业	未控制	未控制	控制
公司	控制	控制	控制
N	2575	2575	2575
Adj R²	91.17%	93.49%	93.57%

注：***、**和*分别代表在 0.01、0.05 和 0.1 的水平上显著，括号内为 T 值。

5.6.2 调整审计收费

审计收费在一定程度上可能随着历年的通货膨胀率进行调整。对此，本部分参考何威风和刘巍（2015）的研究经验，使用消费者价格指数（CPI 指数）对审计收费进行调整①，并重新对模型（5-1）进行回归，以缓和物价水平波动对本章研究结果的潜在影响，具体的回归结果如表 5-11 所示。由表 5-11 可知，在依据年度通货膨胀率对审计收费进行调整后，审计收费（FEE）与指示变量的交互项（$TREAT \times AFTER$）之间的回归系数为 -0.069，且在 5% 的水平上显著，这与本章中主测试的回归结果基本一致。

表 5-11　　　　　　　　　　调整审计收费

变量	(1) FEE	(2) FEE	(3) FEE
TREAT	0.202*** (5.45)	0.067** (2.33)	0.000 (0.00)
AFTER	-0.378*** (-12.66)	-0.403*** (-17.96)	0.031 (0.73)
TREAT × AFTER	-0.112** (-2.26)	-0.097*** (-2.61)	-0.069** (-2.28)
SIZE		0.329*** (30.18)	0.346*** (35.94)
LEV		0.094 (1.60)	-0.071 (-1.36)
ROA		-0.336* (-1.90)	-0.389** (-2.51)
GROW		0.001 (1.05)	-0.003*** (-2.75)
REV		0.071*** (8.32)	-0.016 (-1.45)
DEV		0.015** (2.55)	0.024*** (4.54)

---

① 审计收费以 2012 年价格为基准，后续年份按照相应的消费者价格指数进行调整。消费者价格指数（CPI 指数）来源于《中国统计年鉴》。

续表

变量	(1) FEE	(2) FEE	(3) FEE
SHARE		0.254*** (4.01)	0.189*** (3.66)
SAME		-0.066*** (-3.11)	-0.027 (-1.48)
INDEP		0.024 (0.15)	-0.204 (-1.45)
OP		0.007 (0.13)	0.063 (1.41)
Constant	12.757*** (573.87)	5.213*** (21.51)	4.443*** (18.93)
年度/行业	未控制	未控制	控制
N	2575	2575	2575
Adj R²	11.78%	52.31%	68.45%

注：***、**和*分别代表在0.01、0.05和0.1的水平上显著，括号内为T值。

5.6.3 变更缩尾水平

尽管在主测试中对所有连续变量上下两端各1%进行了缩尾处理，但是仍可能存在极端异常值对本章实证结果产生重大影响的可能性。对此，本部分对所有连续变量上下两端各5%进行了缩尾处理，重新对模型（5-1）进行回归，以缓和极端异常值对本章研究结论的潜在影响，具体回归结果如表5-12所示。由表5-12可知，审计收费（FEE）与指示变量的交互项（TREAT×AFTER）之间的回归系数为-0.073，且在5%的水平上显著，与本章中主测试的回归结果基本一致。

表5-12　　　　　　　　　变更缩尾水平

变量	(1) FEE	(2) FEE	(3) FEE
TREAT	0.099*** (3.17)	-0.013 (-0.56)	-0.007 (-0.29)
AFTER	0.123*** (4.72)	0.091*** (4.54)	0.028 (0.66)

续表

变量	(1) FEE	(2) FEE	(3) FEE
TREAT×AFTER	-0.080* (-1.86)	-0.081** (-2.54)	-0.073** (-2.40)
SIZE		0.359*** (38.44)	0.368*** (37.67)
LEV		-0.126** (-2.24)	-0.007 (-0.13)
ROA		-0.397** (-2.17)	-0.356* (-1.95)
GROW		-0.009** (-2.09)	-0.010** (-2.30)
REV		-0.101*** (-8.43)	-0.060*** (-2.95)
DEV		0.038*** (5.52)	0.037*** (4.70)
SHARE		0.210*** (3.65)	0.158*** (2.88)
SAME		-0.002 (-0.10)	-0.026 (-1.41)
INDEP		-0.081 (-0.56)	-0.219 (-1.59)
OP		0.113** (2.02)	0.076 (1.58)
Constant	13.593*** (729.71)	5.562*** (26.78)	5.794*** (24.69)
年度/行业	未控制	未控制	控制
N	2575	2575	2575
Adj R²	1.05%	46.28%	52.89%

注：***、**和*分别代表在0.01、0.05和0.1的水平上显著，括号内为T值。

5.6.4 倾向匹配得分法

考虑到选择性偏差对研究样本的潜在影响，本部分采用倾向匹配得分法对研究结果进行稳健性测试。在处理组和控制组指示变量（TREAT）的基础上，利用倾向得分值为上交所遵循行业信息披露指引的要求按季度披露经营信息的公司寻找特征相近的深交所对照组样本。配对过程具体如下：第一步，使用逻辑（Logit）回归模型，将公司规模（SIZE）、财务杠杆（LEV）、盈利能力（ROA）、成长性（GROW）等变量作为匹配特征进行控制，估算倾向得分值（Pscore）；第二步，使用近邻匹配方法为每个处理组公司匹配出控制组公司，近邻匹配使用1∶1匹配；第三步，使用配对出的子样本重新对模型（5-1）进行回归。匹配结果如表5-13、表5-14所示。回归结果如表5-15所示，在使用倾向匹配得分法对控制组进行筛选后，审计收费（FEE）与指示变量的交互项（TREAT×AFTER）之间的回归系数为-0.105，且在1%的水平上显著，原结论依然稳健。

表5-13　　　　　　　　　　倾向得分匹配回归

变量	(1) TREAT 匹配前	(2) TREAT 匹配后
SIZE	0.106* (1.92)	0.011 (0.18)
LEV	0.751** (2.44)	-0.040 (-0.11)
ROA	3.050*** (3.05)	-0.147 (-0.13)
GROW	-0.006 (-0.86)	0.003 (0.41)
REV	0.079 (1.03)	0.040 (0.47)
DEV	-0.097*** (-2.61)	0.008 (0.20)
SHARE	0.551* (1.75)	-0.079 (-0.23)
SAME	0.063 (0.59)	0.069 (0.58)
INDEP	-0.218 (-0.27)	-0.182 (-0.20)

续表

变量	(1) TREAT 匹配前	(2) TREAT 匹配后
OP	0.428 (1.53)	0.068 (0.21)
年度/行业	控制	控制
Constant	-3.514 (-0.12)	0.344 (0.02)
N	2575	1696
Pseudo R²	15.58%	0.72%

注：***、**和*分别代表在0.01、0.05和0.1的水平上显著，括号内为T值。

表5-14　　　　　　　　倾向得分匹配样本差异检验

变量	对照组	处理组	DIF	T值
SIZE	22.526	22.515	-0.011	-0.20
LEV	0.453	0.450	-0.003	-0.30
ROA	0.073	0.074	0.001	0.20
GROW	0.095	-0.011	-0.106	-0.34
REV	0.537	0.532	-0.005	-0.10
DEV	2.420	2.423	0.003	0.04
SHARE	0.598	0.600	0.002	0.27
SAME	0.242	0.232	-0.009	-0.46
INDEP	0.372	0.372	0.001	0.29
OP	0.026	0.025	-0.001	-0.15
Propensity Score	0.419	0.419	-0.001	-0.13

表5-15　　　　　　　　倾向得分匹配回归结果

变量	(1) FEE	(2) FEE	(3) FEE
TREAT	0.007 (0.17)	0.004 (0.12)	0.007 (0.27)
AFTER	0.148*** (3.79)	0.109*** (3.74)	0.104* (1.85)

续表

变量	(1) FEE	(2) FEE	(3) FEE
TREAT×AFTER	-0.106* (-1.92)	-0.105*** (-2.60)	-0.105*** (-2.75)
SIZE		0.369*** (30.50)	0.379*** (29.44)
LEV		-0.282*** (-3.90)	-0.149** (-2.03)
ROA		-0.379* (-1.79)	-0.312 (-1.46)
GROW		-0.005*** (-3.32)	-0.004*** (-2.83)
REV		-0.063*** (-6.44)	-0.014 (-0.95)
DEV		0.034*** (5.14)	0.028*** (3.69)
SHARE		0.226*** (3.22)	0.208*** (3.03)
SAME		0.012 (0.48)	-0.018 (-0.73)
INDEP		0.040 (0.21)	-0.113 (-0.61)
OP		0.047 (0.62)	-0.017 (-0.25)
Constant	13.645*** (484.57)	5.310*** (19.76)	5.408*** (17.22)
年度/行业	未控制	未控制	控制
N	1696	1696	1696
Adj R²	0.93%	47.32%	52.93%

注：***、**和*分别代表在0.01、0.05和0.1的水平上显著，括号内为T值。

5.6.5 安慰剂检验

参考托帕洛娃（2010）和吕越等（2019）的研究经验，本部分通过调整政策的实施时间检验双重差分模型的回归结果是否发生实质性改变。具体而言，本部分将上交所针对相应行业的季度经营信息披露政策的施行时间人为提前 2 年，再进行双重差分检验[①]。在人为调整上交所季度经营信息披露政策的施行时间之后，若核心变量的回归系数不再显著，这意味着上交所季度经营信息披露政策导致了处理组和控制组之间的差异；若核心变量的回归系数显著，这意味着存在上交所季度经营信息披露政策之外的其他因素致使处理组和控制组之间的差异。具体的回归结果如表 5 - 16 所示。由表 5 - 16 可知，审计收费（FEE）与指示变量的交互项（TREAT × AFTER）之间的回归系数不再显著，说明人为提前上交所季度经营信息披露政策的施行时间之后，原结论不再成立，这意味着上交所季度经营信息披露政策的实施确实是导致处理组和控制组审计收费存在显著差异的主要原因，原结论依然稳健。

表 5 - 16　　　　　　　　　安慰剂检验回归结果

变量	(1) FEE	(2) FEE	(3) FEE
TREAT	0.168 *** (4.91)	0.006 (0.24)	-0.016 (-0.60)
AFTER	0.157 *** (5.60)	0.039 * (1.80)	-0.020 (-0.48)
TREAT × AFTER	-0.053 (-1.11)	-0.020 (-0.57)	0.009 (0.25)
SIZE		0.379 *** (33.51)	0.396 *** (32.51)
LEV		-0.302 *** (-5.38)	-0.213 *** (-3.75)

---

① 房地产、煤炭开采和洗选、石油和天然气开采行业的对比期间人为调整为 2010 年和 2011 年对比 2012 年和 2013 年；电力、零售、汽车制造行业的对比期间人为调整为 2011 年和 2012 年对比 2014 年和 2015 年；钢铁、服装、新闻出版行业的对比期间人为调整为 2012 年和 2013 年对比 2014 年和 2015 年；酒制造、广播电视传输服务、环保服务、水的生产和供应、化工、农林牧渔行业的对比期间人为调整为 2013 年和 2014 年对比 2015 年和 2016 年；食品制造、影视、家具制造、有色金属行业的对比期间人为调整为 2015 年和 2016 年对比 2017 年和 2018 年。

续表

变量	(1) FEE	(2) FEE	(3) FEE
ROA		-0.432** (-2.20)	-0.447** (-2.24)
GROW		-0.004*** (-3.29)	-0.003** (-2.48)
REV		-0.055*** (-6.92)	-0.021* (-1.69)
DEV		0.029*** (5.16)	0.029*** (4.68)
SHARE		0.149*** (2.60)	0.087 (1.57)
SAME		-0.005 (-0.21)	-0.029 (-1.38)
INDEP		-0.157 (-0.96)	-0.264* (-1.67)
OP		0.163** (2.53)	0.140** (2.43)
Constant	13.445*** (676.78)	5.207*** (21.45)	5.082*** (16.53)
年度/行业	未控制	未控制	控制
N	2227	2227	2227
Adj R²	3.07%	46.90%	52.62%

注：***、**和*分别代表在0.01、0.05和0.1的水平上显著，括号内为T值。

5.6.6 补充控制变量

尽管本章在主测试中已经从公司规模（SIZE）、财务杠杆（LEV）、盈利能力（ROA）、成长性（GROW）、经营能力（REV）、发展能力（DEV）、股权集中度（SHARE）、两职合一（SAME）、独董比例（INDEP）、审计意见（OP）方面对研究样本的特征进行了控制，但仍然可能存在遗漏控制变量问题。因此，在模型（5-1）的控制变量中进一步纳入子公司数量（SUBS）、海外业务收入（OVSEA）和是否发生亏损（LOSS）之后①，重新进行回归，具体的回归结果如表 5-17 所示。由表 5-17 可知，审计收费（FEE）与指示变量的交互项（TREAT × AFTER）之间的回归系数为 -0.058，且显著为负，原结论依然稳健。

表 5-17 补充控制变量回归结果

变量	(1) FEE	(2) FEE	(3) FEE
TREAT	0.102*** (3.02)	-0.006 (-0.27)	0.012 (0.48)
AFTER	0.126*** (4.53)	0.058*** (2.92)	0.042 (0.96)
TREAT × AFTER	-0.069 (-1.48)	-0.061* (-1.92)	-0.058* (-1.85)
SIZE		0.282*** (25.24)	0.296*** (25.23)
LEV		-0.254*** (-4.87)	-0.137** (-2.56)
ROA		-0.149 (-0.88)	-0.100 (-0.59)
GROW		-0.002* (-1.86)	-0.002 (-1.33)
REV		-0.063*** (-8.07)	-0.015 (-1.27)
DEV		0.019*** (3.61)	0.022*** (3.87)
SHARE		0.300*** (5.62)	0.265*** (4.98)
SAME		-0.003 (-0.18)	-0.025 (-1.33)

---

① 子公司数量（SUBS），取值为上市公司子公司总数量的算术平方根；海外业务收入（OVSEA），取值为上市公司海外总收入占营业收入的比重；是否发生亏损（LOSS），若上市公司当年发生亏损，则 LOSS 为 1，否则为 0。

续表

变量	(1) FEE	(2) FEE	(3) FEE
INDEP		-0.126 (-0.86)	-0.185 (-1.30)
OP		0.105** (2.03)	0.083* (1.75)
SUBS		0.083*** (18.67)	0.075*** (15.42)
OVSEA		0.123*** (2.79)	0.016 (0.34)
LOSS		0.118** (2.37)	0.101** (2.12)
Constant	13.605*** (681.77)	6.991*** (28.95)	6.867*** (25.80)
年度/行业	未控制	未控制	控制
N	2520	2520	2520
Adj R^2	1.17%	54.17%	58.13%

注：***、**和*分别代表在0.01、0.05和0.1的水平上显著，括号内为T值。

5.7 本章小结

审计收费作为审计研究领域的重要议题，既反映了审计师在执业过程中所投入的资源规模，也在一定程度上体现了客户公司未审财务报表中隐含的重大错报风险水平。从审计收费的视角出发，探讨上市公司披露季度经营信息的经济后果，不仅有助于揭示信息披露制度改革对审计市场供需行为的影响机制，也为理解资本市场信息环境变革背景下审计资源配置的优化提供有价值的经验证据。因此，从审计收费的视角，探讨上市公司披露季度经营信息的经济后果具有重要意义。本章基于我国证券交易所行业信息披露改革的制度背景，选取沪深两市2012～2020年A股上市公司样本数据，利用双重差分法探究上市公司季度经营信息披露对审计收费的影响。研究发现：相比控制组公司，遵循上交所行业信息披露指引的要求，客户公司披露季度经营信息能够促使审计师接受更低的审计定价。这说明季度经营信息的披露，一方面能够有效降低审计师的信息收集成本，从而减少审计投入；另一方面能够有效抑制管理层操纵财务报表的动机，从而降低审计风险溢价。进一步研究发现：（1）由于非行业专长审计师在客户公司所属行业的专业知识储备和执业经验相对不足，难以准确理解客户公司的业务模式和经营活动。客户公司遵循行业信息披露指引的要求按季度披露经营信息，有助于非行业专长审计师更好地理解客户业务、识别重大错报风险较高的领域并设计审计程序。因此，相比行业专长审计师，客户公司披露季度经营信息对非行业专长审计师的信息增量价值更高，从而更可能促使其调低审计定价。（2）由于小规模会计师事务所资源有限，其审计师更可能接受风险水平较高的客户。同时在具体审计项目的执业过程中，也较难从事务所层面获得系统性的专业支持，不利于小规模会计师事务所审计师高效评估风险和合理设计程序，从而影响审计效率的提高。客户公司遵循上交所行业信息披露指引的要求定期披露季度经营信息，一方面，能够在一定程度上缓解审计师与客户之间的信息不对称，限制管理层盈余操纵行为的空间，从而降低未审财务报表中潜在的重大错报风险；另一方面，能帮助审计师更有效地评估风险与设计程序，促进审计效率的提高。因此，相较于大规模会计师事务所，小规模事务所的审计师从客户披露的季度经营信息中获得的边际信息价值更高，更可能促使小规模会计师事务所审计师下调风险溢价和资源投入，从而降低审计收费水平。（3）由于融资约束程度较高的公司在获取外部资金方面面临较大困难，其管理层为了缓解融资压力，往往更倾向于通过操纵财务信息来营造良好的业绩表现，从而增强对投资者和债权人的吸引力。季度经营信息的披露有助于增强外部监督效能，约束管理层的机会主义行为。因此，相较于融资约束程度较低的公司，融资约束程度较高的公司披露季度经营信息，能够在更大程度上约束管理层的盈余管理行为，从而更可能导致审计资源投入和审计风险溢价的下降，最终促使审计收费更显著地减少。（4）相比外部信息环境较好的公司，外部信息环境较差的公司与信息使用者之间的信息不对称程度更高，管理层的盈余操纵行为更难被及时发现与约束。季度经营信息的披露更可能缓和外部信息环境较差的公司与信息使用者之间的信息不对称程度，从而约束管理层操纵财务信息的行为并减少审计师的信息获取成本，进而降低审计定价。

（5）会计信息质量在季度经营信息披露与审计收费之间起到部分中介作用。客户公司依据上交所行业信息披露指引的要求定期披露季度经营信息，能够在一定程度上抑制管理层操纵财务报表的动机，提升会计信息质量。随着会计信息质量的提高，财务报表中潜在重大错报风险的降低，审计师面临的审计风险随之下降，对审计风险溢价的要求也相应减少，从而促使审计师接受较低水平的审计定价。实施了一系列的稳健性检验，包括控制公司固定效应、按照消费者价格指数调整审计收费、变更连续变量两端的缩尾水平、利用倾向匹配得分法进行检验、进行安慰剂检验以及补充控制变量，已有研究结论依然成立。本章的研究从审计收费的视角切入，拓展了季度经营信息披露经济后果的相关文献，为理解信息披露制度改革如何影响审计定价机制提供了经验证据。同时，研究结果也为监管部门评估行业信息披露指引的政策效果，特别是在提升会计信息质量、优化审计资源配置和推动资本市场高质量发展方面，提供了具有实践价值的参考依据。

第6章

季度经营信息披露对审计师选择的影响

6.1 引言

经过30余年的发展，我国股票市场已经日趋成熟。为进一步激发市场活力，提高市场效率，发挥支持经济高质量发展的功能，我国新股发行逐步由核准制变更为注册制。资本市场不仅是资金市场更是信息市场，在推行注册制改革的现实背景下，资本市场信息披露质量尤为重要。在注册制下，监管部门不再对拟发行证券进行价值判断，只需确保公司对外披露信息的真实性，投资者需依据公司的相关信息，自行判断公司的实际价值。在此情境下，公司信息披露的重要性进一步提升。尽管有关部门对信息披露违规的监管呈现逐年趋严的态势，但上市公司信息披露的违规行为仍屡见不鲜。证监会以及各地证监局在2020年开出的352份行政处罚决定书中有117份涉及信息披露违规，占比高达33.2%[①]。从内容方面而言，季度经营信息以具体、可核验的数量指标为主，便于外部信息使用者理解与验证；从披露频率而言，定期、连续披露的经营信息，既能帮助外部信息使用者及时掌握企业经营动态，也能与季度、年度财务数据形成交叉验证，从而拓展了外部信息使用者辨别信息质量的路径。可见，季度经营信息的披露能够增强外部监督的效能，优化企业外部信息环境。随着外部信息环境的变化，企业往往会对其信息披露策略作出相应调整，以回应市场预期、降低监管与声誉风险。

---

① 资料来源于证监会网站统计。

审计师作为连接公司与外部信息使用者的重要信息中介，其选聘决策亦可能受到公司外部信息环境变化的驱动，从而成为公司战略性信息披露安排的重要组成部分。

缓和企业内部代理冲突、提高财务信息质量以及向资本市场传递企业经营状况良好的信号等，是客户公司选择高质量审计师的重要动因（Beatty，1989；Behn et al.，2008）。那么，季度经营信息披露带来的公司外部信息环境变化，是否会影响公司信息披露策略，进而作用于审计师的选聘决策呢？本章对此进行研究，以期从审计师选择的视角，揭示上市公司披露季度经营信息的经济后果。本章研究发现，遵循上交所行业信息披露指引的要求，上市公司披露季度经营信息能够促使其选择高质量的审计师。进一步分析显示，在非国有企业、代理冲突较低、独立董事网络中心度较高、地区法治环境较好的样本中，季度经营信息披露对高质量审计需求的促进作用更加明显，会计信息质量在季度经营信息披露与会计师事务所类型之间起到部分中介作用。

本章可能的贡献包含以下几个方面：第一，本章从审计师选择角度提供了上市公司披露季度经营信息之经济后果的经验证据，丰富了季度经营信息披露的文献研究。第二，本章以季度经营信息为研究对象，探析了资本市场监管政策变化对上市公司审计师选择决策的影响，为审计师选择的影响因素提供了一定的补充贡献。第三，本章的研究结果为监管部门利用经营信息来改善资本市场信息环境提供了经验证据，支持了监管部门增强信息披露的市场化改革方向。

6.2 理论分析与研究假设

在我国大多由客户公司聘选审计师[①]。高质量审计师能从以下方面向客户公司提供帮助：其一，高质量审计师能够发挥外部监督职能，对管理层的机会主义行为进行有效约束，从而缓和客户公司的内部代理冲突；其二，高质量审计师能够在一定程度上保障财务报表信息质量，缓和客户公司与信息使

[①] 根据《公司法》《股票上市规则》等相关要求，我国上市公司选聘会计师事务所须由股东大会决定。

用者之间的信息不对称程度,从而能够约束控股股东侵占中小股东利益的行为;其三,客户公司选择高质量审计师能够向资本市场传递企业经营状况良好、信息披露质量较高等积极信号,改善客户公司在资本市场中的形象,具有信号作用(Jensen and Meckling,1976;Datar et al.,1991;Fan and Wong,2005;翟胜宝等,2017)。可见,上市公司聘请高质量审计师不但能够规范公司的治理机制,提升公司在资本市场中的表现,而且能够在一定程度上保障投资人的利益,促进资本市场的健康发展。上市公司的股权特征、管理层特征以及董事会特征等决定了公司内部的治理状况、对外部监督机制的需求情况以及向市场传递公司信号的意愿,因此,公司内部特征是影响审计师选择的重要因素。现有研究主要从股权特征、管理层特征以及董事会特征等角度研究客户公司内部特征对审计师选择的影响(Simunic and Stein,1987;Wang et al.,2008;杜兴强和谭雪,2016;马勇等,2019;周泽将和宋淑婵,2019)。外部市场环境是市场经济主体赖以生存和发展的土壤,市场经济主体都是在特定的市场环境下展开的经济活动,其行为必然受到外部市场环境的影响。现有研究主要从地区法治水平、地区契约履行环境、地区贪腐环境、媒体对公司的负面报道等角度研究客户公司外部市场环境对审计师选择决策的影响(Clarkson and Simunic,1994;刘斌等,2015;陈丽英和李婉丽;2020)。行政监管制度在规范市场经济主体行为、促进资本市场健康发展方面发挥重要作用。作为资本市场重要参与者的上市公司和审计师,其行为必然受到监管制度的制约和规范。现有研究主要以会计师事务所转变为特殊普通合伙制、客户公司施行融资融券制度、"沪深港通"交易试点等为研究契机探讨制度环境对审计师选择的影响(刘启亮和陈汉文,2012;陈关亭等,2019;陈丽蓉等,2021)。

为提升上市公司信息披露质量,优化资本市场的信息环境,自2013年12月起,上海证券交易所开始分批次发布《行业信息披露指引》,并明确要求部分行业的上市公司按季度或月份披露经营信息。季度经营信息披露政策的实施有助于改善上市公司的外部信息环境。第一,季度经营信息的披露能够提供直观且易于理解的经营信息,从而帮助外部信息使用者更准确地把握公司的经营状况。在应计制之下,公司的经营活动通过会计复式簿记过程最终表现为精炼抽象后以数字计量的会计信息。第二,季度经营信息的披露有利于拓展外部信息使用者辨别信息质量的渠道。利润作为投资者衡量企业经营业绩的核心指标，一直是管理层盈余操纵的重点领域，尤其是通过调整与利润高度相关的收入与成本科目进行会计操控（Dechow et al., 1996；Palmrose and Scholz, 2004）。上交所要求披露的季度经营信息中通常包含产销量等关键经营数据，并且其披露频率与季度财务报告基本一致，从而外部信息使用者可以将经营数据与财务数据结合分析。基于实际业务活动与财务结果之间的对应关系，外部信息使用者能够判断财务报表中关键项目的合理性和一致性，因此，财务信息与非财务信息之间的交叉验证机制能够提升外部信息使用者发现异常变动、识别信息失真的能力。第三，季度经营信息的披露有助于提升外部信息使用者对公司信息披露行为的关注度。一方面，季度经营信息的披露具有高频次、持续性的特点，有助于投资者、分析师、媒体等外部信息使用者对公司行为进行动态跟踪与及时评价。常态化的信息供给机制更容易激发市场主体对公司信息的持续关注。另一方面，作为上交所信息披露制度的重要组成部分，季度经营信息的披露具有较强的制度规范性，进而提升了监管者对公司信息披露行为的关注度。在市场参与者主动监督与监管制度约束的共同作用下，公司的信息披露行为面临更高的关注密度。

公司外部信息环境的改善提升了信息操纵行为被揭露的可能性。在更为透明的信息环境中，公司的信息披露行为将更易受到监管机构、投资者以及媒体等多方主体的持续关注，从而压缩管理层通过会计手段操纵财务结果的空间。并且，一旦信息操纵行为被揭露，公司不仅更可能面临来自监管机构的行政处罚与投资者的法律诉讼，还更可能因市场信任的削弱而遭受负面的市场反应。随着信息操纵行为引发的潜在风险的提升，公司可能更倾向于调整信息披露策略，提升信息披露质量，以回应市场预期、降低监管风险并维护公司在资本市场中的良好形象。注册会计师审计制度作为资本市场的重要制度安排，在约束管理层机会主义行为、缓和企业内外部信息不对称程度、提高财务信息质量等方面发挥重要作用。公司聘请高质量审计师不仅有助于提高自身的信息披露质量，还能够向资本市场传递企业经营状况良好、财务信息可靠的积极信号，从而改善公司在投资者、监管机构以及信息中介感知中的形象。因此，随着季度经营信息披露引发的外部信息环境的改善，上市公司为提升信息披露质量可能更倾向于聘请高质量审计师。基于以上分析，提出如下假设：

H6-1：限定其他条件，季度经营信息披露促使上市公司选择高质量审计师。

6.3 研究设计

6.3.1 数据来源和样本选择

为检验上市公司季度经营信息披露对审计师选择的影响，本章构建双重差分模型进行研究。为此，本章选取上交所行业信息披露指引发布前后的沪市 A 股相关行业上市公司作为处理组，并选取深交所对应行业的 A 股上市公司作为控制组，将每个行业的季度经营信息披露政策施行前两年与政策施行后两年进行对比[①]。由于上交所逐批次发布对各行业的经营信息披露指引，因此，本章依照相应的政策实施年份对各行业数据进行前后对比，具体样本选择如表 6-1 所示。

表 6-1　　上交所行业信息披露指引的样本选择

发布日期	施行日期	涉及行业	对比期间
2013 年 12 月 26 日	2014 年 1 月 1 日	房地产	2012 年和 2013 年 vs 2014 年和 2015 年
		煤炭开采和洗选	
		石油和天然气开采	
2015 年 9 月 11 日	2015 年 10 月 1 日	电力	2013 年和 2014 年 vs 2016 年和 2017 年
		零售	
		汽车制造	
2015 年 12 月 11 日	2016 年 1 月 1 日	钢铁	2014 年和 2015 年 vs 2016 年和 2017 年
		服装	
		新闻出版	
2016 年 12 月 2 日	2017 年 1 月 1 日	酒制造	2015 年和 2016 年 vs 2017 年和 2018 年
		广播电视传输服务	
		环保服务	
		水的生产和供应	
		化工	
		农林牧渔	

① 对季度经营信息进行披露的要求是上交所行业信息披露指引的一个重要组成部分。

续表

发布日期	施行日期	涉及行业	对比期间
2018年12月28日	2019年1月1日	食品制造	2017年和2018年 vs 2019年和2020年
		影视	
		家具制造	
		有色金属	

2013~2018年上交所一共发布了27项行业信息披露指引，本章只包含了19项。这是因为，剔除了上交所未要求按季度（或月份）定期披露经营信息的医药制造、集成电路、医疗器械以及航空、船舶、铁路运输设备制造；指引发布之前，已经普遍按月定期披露经营信息的航空运输业；深交所要求按季度（或月份）定期披露经营信息的建筑和农林牧渔中的畜牧子行业；难以判断处理组和控制组的光伏和黄金珠宝饰品业。本章根据证监会行业分类（2012年版），所有行业均追踪到二级行业分类，并对样本作如下筛选：（1）剔除对应样本年度内未按指引披露季度经营信息的沪市公司；（2）剔除指引发布后对应样本年度内自愿按季度（或月份）定期披露经营信息的深市公司；（3）剔除指引发布前自愿按季度（或月份）定期披露经营信息的沪、深两市公司；（4）剔除指引发布前后变更行业的公司；（5）剔除存在缺失值的样本；（6）对连续变量在上下两端1%分位点进行了缩尾处理（Winsorize）。上市公司披露季度经营信息的数据主要通过上交所和深交所网站检索相应上市公司的公司公告以及季度财务报表整理获得，其他数据来源于国泰安数据库（CSMAR）。

6.3.2 模型构建和变量定义

为检验季度经营信息披露对审计师选择的影响，本章借鉴王裕和任杰（2016）、徐会超等（2019）的研究经验，设定如下 Logit 回归模型：

$$BIG = \beta_0 + \beta_1 TREAT + \beta_2 AFTER + \beta_3 TREAT \times AFTER + \sum CONTROLS + \varepsilon \qquad (6-1)$$

其中，TREAT 为处理组和控制组的指示变量，若样本公司属于上交所 A 股上市公司，则 TREAT 取值为 1，否则为 0。AFTER 为相应行业的信息披露指引出台前后的时间指示变量，若样本年度在信息披露指引出台之后，则 AFTER

取值为1，否则为0。BIG 为会计师事务所类型，若公司聘请"十大"会计师事务所作为年报审计师时，则 BIG 取值为1，否则为0[①]。

模型（6-1）中的控制变量（CONTROLS）包含：公司规模（SIZE）、财务杠杆（LEV）、盈利能力（ROA）、成长性（GROW）、经营能力（REC）、发展前景（BM）、盈亏状况（LOSS）、股权情况（SHARE）、两职合一（SAME）、独董比例（INDEP）、审计收费（FEE），具体定义如表6-2所示。

表6-2　　　　　　　　　　变量定义

变量类型	变量符号	变量定义
被解释变量	BIG	哑变量，公司聘请"十大"会计师事务所进行年报审计时，则 BIG 取值为1，否则为0
解释变量	TREAT	指示变量，若样本公司属于处理组时，则 TREAT 取值为1，否则为0
	AFTER	指示变量，若样本年度在相应行业的信息披露指引出台之后，则 AFTER 取值为1，否则为0
控制变量	SIZE	年末总资产的自然对数
	LEV	资产负债率
	ROA	总资产净利润率
	GROW	总资产增长率
	REC	应收账款周转百分比率
	BM	账面市值比
	LOSS	若当年发生亏损取值为1，否则为0
	SHARE	从第二至第十大股东持股百分比之和
	SAME	董事长和总经理两职合一的虚拟变量，为同一人时为1，否则为0
	INDEP	独立董事人数占董事会总人数的比率
	FEE	年报审计收费的自然对数

6.4　实证结果和分析

6.4.1　描述性统计

表6-3报告了本章主要变量的描述性统计结果。由表6-3可知，被解

[①] 当年中国注册会计师协会公布的"会计师事务所综合评价排名"中前十位的会计师事务所。

释变量会计师事务所类型（*BIG*）的均值是 0.667，这表明样本范围内大约有 66.7% 的公司选择了"十大"会计师事务所作为其年报审计师。处理组和控制组的指示变量（*TREAT*）的均值是 0.378，这表明处理组约占样本总量的 37.8%。事件前和事件后的指示变量（*AFTER*）的均值是 0.535，这表明事件后的样本组约占样本总量的 53.5%。

表6-3　　　　　　　　　　　　主要变量描述性统计

变量名	观测数	均值	标准差	最小值	25%分位数	中位数	75%分位数	最大值
BIG	3107	0.667	0.471	0.000	0.000	1.000	1.000	1.000
TREAT	3107	0.378	0.485	0.000	0.000	0.000	1.000	1.000
AFTER	3107	0.535	0.499	0.000	0.000	1.000	1.000	1.000
SIZE	3107	22.341	1.175	19.995	21.496	22.220	23.129	25.384
LEV	3107	0.453	0.218	0.064	0.279	0.446	0.610	0.971
ROA	3107	0.053	0.066	-0.242	0.029	0.052	0.083	0.233
GROW	3107	0.148	0.259	-0.341	0.004	0.084	0.212	1.277
REC	3107	1.499	6.586	0.010	0.051	0.106	0.371	56.554
BM	3107	0.560	0.256	0.096	0.347	0.547	0.760	1.094
LOSS	3107	0.109	0.311	0.000	0.000	0.000	0.000	1.000
SHARE	3107	0.225	0.130	0.020	0.114	0.214	0.320	0.549
SAME	3107	0.238	0.426	0.000	0.000	0.000	0.000	1.000
INDEP	3107	0.373	0.054	0.231	0.333	0.333	0.429	0.800
FEE	3107	13.681	0.568	12.612	13.305	13.592	14.039	15.294

在控制变量方面，公司规模（*SIZE*）的均值是 22.341，中位数是 22.220，标准差是 1.175；财务杠杆（*LEV*）的均值是 0.453，中位数是 0.446，标准差是 0.218；盈利能力（*ROA*）的均值是 0.053，中位数是 0.052，标准差是 0.066；成长性（*GROW*）的均值是 0.148，中位数是 0.084，标准差是 0.259；经营能力（*REC*）的均值是 1.499，中位数是 0.106，标准差是 6.586；发展前景（*BM*）的均值是 0.560，中位数是 0.547，标准差是 0.256；盈亏状况（*LOSS*）的均值是 0.109，中位数是 0.000，标准差是 0.311；股权情况（*SHARE*）的均值是 0.225，中位数是 0.214，标准差是 0.130；两职合一（*SAME*）的均值是 0.238，中位数是 0.000，标准差是 0.426；独董比例（*INDEP*）的均值是 0.373，中位数是 0.333，标准差是

0.054；审计收费（*FEE*）的均值是 13.681，中位数是 13.592，标准差是 0.568。对比以往的研究可知，本章样本数据的分布较为合理。

6.4.2 多元回归分析

模型（6-1）的多元回归结果如表 6-4 所示，会计师事务所类型（*BIG*）与指示变量的交互项（*TREAT*×*AFTER*）之间的回归系数是 0.348，且在 5% 的水平上显著。这说明，上交所行业信息披露指引施行之后，上市公司依据相应指引的要求按季度披露经营信息会促使其选择具有良好声誉的会计师事务所。季度经营信息披露政策的实施对公司信息披露行为产生了重要影响，促使其主动提升信息披露质量，从而更倾向于聘请具有良好声誉和专业胜任能力的大型会计师事务所，进而借助高质量审计服务提升公司信息披露的可信度与外部监督效能。在控制变量方面，经营能力（*REC*）、两职合一（*SAME*）以及审计收费（*FEE*）的回归系数显著为正，这表明在控制其他影响审计师选择的因素之后，经营能力的增强，董事长与总经理两职合一以及审计收费的增加能够显著提升上市公司聘请高声誉审计师的动机。

表 6-4　　　　　　　　　　主测试回归结果

变量	(1) *BIG*	(2) *BIG*	(3) *BIG*
TREAT	-0.391*** (-3.44)	-0.462*** (-3.94)	-0.393*** (-3.23)
AFTER	-0.084 (-0.86)	-0.092 (-0.91)	-0.236 (-1.04)
TREAT×*AFTER*	0.349** (2.23)	0.380** (2.39)	0.348** (2.14)
SIZE		0.082 (1.35)	0.063 (0.93)
LEV		0.074 (0.33)	-0.090 (-0.36)
ROA		-0.223 (-0.27)	-0.206 (-0.23)

续表

变量	(1) BIG	(2) BIG	(3) BIG
GROW		0.124 (0.74)	0.064 (0.38)
REC		0.007 (1.20)	0.011* (1.72)
BM		-0.652*** (-2.95)	-0.567** (-2.10)
LOSS		-0.188 (-1.13)	-0.160 (-0.93)
SHARE		-0.897*** (-2.83)	-0.893*** (-2.72)
SAME		0.193** (2.05)	0.226** (2.34)
INDEP		-0.648 (-0.90)	-0.588 (-0.80)
FEE		0.496*** (5.18)	0.557*** (5.37)
Constant	0.820*** (11.37)	-7.012*** (-6.12)	-6.406 (-0.29)
年度/行业	未控制	未控制	控制
N	3107	3107	3107
Pseudo R^2	0.55%	3.71%	6.41%

注：***、**和*分别代表在0.01、0.05和0.1的水平上显著，括号内为T值。

6.5　进一步分析

6.5.1　产权性质

我国政府对证券市场施行较为严格的监管制度，国有企业基于与政府之间的密切关系，更容易争取政策支持，因此，国有企业进行股权融资时，面临的阻力相对较小，更容易通过资本市场筹集所需的资金（祝继高和陆正飞，2012）。可见，国有企业由于面临较为宽松的融资环境，其管理层通过盈余管理获取融资便利的动机相对较弱，进而由盈余管理引发的重大错报在未审财务报表中出现的可能性也相对较低。因此，季度信息披露促使国有企业通过选聘高质量审计师，从而提高财务信息质量以及向资本市场发出积极信号的动机较弱。相较而言，非国有企业融资渠道相对有限，面临更为严峻的融资约束，其管理层往往更依赖财务信息向外部传递公司价值，从而具备更强的盈余管理动机。季度经营信息的披露能够在一定程度上提高管理层盈余操纵行为被识别和追责的可能性，增强管理层面临的外部约束。为缓和外部信息使用者的顾虑，提高公司信息披露质量，改善公司在资本市场中的形象与融资条件，非国有企业聘请具有良好声誉的高质量审计师的动机较强。为对此进行检验，本章按照上市公司的产权性质将全样本划分为两组，一组是非国企样本组，另一组是国企样本组，并分别对模型（6-1）进行回归。

表 6-5 列示了产权性质的分组回归结果，回归结果显示，在非国企样本组中，会计师事务所类型（BIG）与指示变量的交互项（$TREAT \times AFTER$）之间的回归系数为 0.536，且在 5% 的水平上显著。在国企样本组中，会计师事务所类型（BIG）与指示变量的交互项（$TREAT \times AFTER$）之间的回归系数为 0.162，但不显著。这表明相比国企上市公司，遵循上交所行业信息披露指引的相应要求按季度披露经营信息更可能促使非国企上市公司选择具有良好市场声誉的高质量审计师来改善公司信息披露的质量与资本市场中的形象。

表 6-5　　　　　　　　产权性质的分组回归结果

变量	（1） BIG 非国企	（2） BIG 国企
$TREAT$	-0.444 ** (-2.44)	-0.437 ** (-2.36)
$AFTER$	-0.280 (-0.86)	-0.134 (-0.38)
$TREAT \times AFTER$	0.536 ** (2.24)	0.162 (0.63)

续表

变量	(1) BIG 非国企	(2) BIG 国企
SIZE	-0.064 (-0.69)	0.150 (1.30)
LEV	0.212 (0.61)	-0.335 (-0.80)
ROA	0.742 (0.61)	-4.211*** (-2.69)
GROW	0.052 (0.25)	0.096 (0.25)
REC	0.043** (2.07)	0.006 (0.86)
BM	-0.718* (-1.93)	-1.206** (-2.52)
LOSS	0.003 (0.01)	-0.390 (-1.44)
SHARE	-0.175 (-0.39)	-1.839*** (-3.30)
SAME	0.216* (1.83)	0.080 (0.38)
INDEP	-4.370*** (-4.23)	4.012*** (2.99)
FEE	0.599*** (3.94)	0.717*** (4.32)
Constant	-2.390 (-0.09)	-11.442 (-0.23)
年度/行业	控制	控制
N	1747	1279
Pseudo R^2	11.15%	15.27%

注：***、** 和 * 分别代表在0.01、0.05 和0.1 的水平上显著，括号内为T值。

6.5.2 代理冲突

在两权分离的现代产权制度之下,由于股东和管理层之间存在信息不对称和利益诉求不一致,管理层作为代理人可能出于自身利益最大化的考虑,采取某些机会主义行为,从而损害公司的整体利益。管理层与股东之间的利益诉求越一致,公司内部代理冲突越小,管理层为满足自身利益从而损害公司利益的动机就越弱。季度经营信息披露政策的实施,改善了公司的外部信息环境,能够在一定程度上缓和公司与外部信息使用者之间的信息不对称程度,从而增加了财务信息操纵行为被揭露的风险。在此情境下,公司内部代理冲突越小,管理层与股东之间的目标一致性越强,管理层越有动机规避信息披露违规引发的外部监管风险和声誉损失,其提升财务信息质量的意愿也越强。因此,内部代理冲突较弱的公司管理层更倾向于聘请具有良好声誉的高质量审计师以提升公司的信息披露质量。然而,对于内部代理冲突较强的公司而言,管理层与股东之间的利益诉求差异较大,出于自身利益的考虑,管理层可能更倾向于维持较低的信息披露质量,即便此举可能损害公司长期价值。因此,在季度经营信息披露制度实施后,内部代理冲突较强的公司管理层为了维持自身在公司信息控制权方面的主导地位,其对聘请高质量审计师的意愿仍较弱。为对此进行检验,本章参考安格等(2000)的研究经验以管理费用率作为公司内部代理冲突的替代度量[①],同时按照年度和行业取 A 股上市公司当年管理费用率的中位数,进而将全样本划分为两组,一组是公司内部代理冲突较弱的样本组,另一组是公司内部代理冲突较强的样本组,并分别对模型(6-1)进行回归。

表 6-6 列示了公司内部代理冲突的分组回归结果,回归结果显示,在代理冲突较弱的样本组中,会计师事务所类型(*BIG*)与指示变量的交互项(*TREAT* × *AFTER*)之间的回归系数为 0.459,且显著为正。在代理冲突较强的样本组中,会计师事务所类型(*BIG*)与指示变量的交互项(*TREAT* × *AFTER*)之间的回归系数为 0.172,但不显著。这表明,相比内部代理冲突较强的公司,遵循上交所行业信息披露指引的相应要求按季

---

① 管理费用率=管理费用/营业收入。

度披露经营信息更可能促使内部代理冲突较弱的公司选择具有良好市场声誉的审计师。

表 6-6　　　　　　　　　　代理冲突的分组回归结果

变量	(1) BIG 代理冲突较弱	(2) BIG 代理冲突较强
TREAT	-0.538*** (-3.07)	-0.132 (-0.73)
AFTER	-0.434 (-1.28)	0.009 (0.03)
TREAT×AFTER	0.459* (1.96)	0.172 (0.72)
SIZE	0.179* (1.73)	-0.041 (-0.42)
LEV	0.016 (0.04)	-0.147 (-0.44)
ROA	-3.302** (-2.13)	1.576 (1.33)
GROW	0.073 (0.26)	-0.046 (-0.20)
REC	0.007 (0.85)	0.026** (2.01)
BM	-1.849*** (-4.39)	0.420 (1.08)
LOSS	-0.110 (-0.37)	-0.094 (-0.42)
SHARE	-1.334*** (-2.76)	-0.184 (-0.39)
SAME	0.235* (1.67)	0.226 (1.62)
INDEP	1.095 (0.99)	-2.069** (-1.99)

续表

变量	(1) BIG 代理冲突较弱	(2) BIG 代理冲突较强
FEE	0.606*** (3.96)	0.617*** (3.99)
Constant	−8.347 (−0.39)	−5.033 (−0.15)
年度/行业	控制	控制
N	1528	1579
Pseudo R^2	13.77%	9.74%

注：***、**和*分别代表在0.01、0.05和0.1的水平上显著，括号内为T值。

6.5.3 独立董事治理能力

独立董事制度自2001年引进我国以来，在监督公司管理层行为、规范公司治理结构、维护中小股东权益等方面发挥重要作用[①]。尤其在审计师选聘决策中，独立董事作为公司治理结构中的重要监督力量，其意见对于推动公司聘请具有良好市场声誉与专业胜任能力的高质量审计师具有积极意义[②]。然而，独立董事对于任职公司审计师选择决策的关注程度受到自身社会声誉的影响，其对于审计师选择决策的话语权受到自身社会影响力的制衡。社会声誉较高的独立董事通常更有动机积极履行监督职责，以维护自身声誉；社会影响力较强的独立董事则更可能在审计师选聘等关键治理事项中拥有更大的话语权，从而发挥更为显著的制衡作用（邢秋航和韩晓梅，2018）。在董事网络中，独立董事所处的位置越趋向于中心，通常意味着其拥有较高的社会声誉，一旦任职公司被爆出财务丑闻，相关的负面舆论更容易通过其在董事网络中的连接进行扩散，从而对该独立董事的整个声誉网络造成冲击，招致更为广泛的声誉损失。因此，为了规避声誉蒙羞的风险，网络中心度较高的独

---

① 2001年8月证监会发布《关于在上市公司建立独立董事制度的指导意见》，宣告独立董事制度在中国的施行。
② 由上市公司协会于2009年发布的《上市公司独立董事履职指引》中提出：独董具备聘用或解聘会计师事务所的提议权。并且，独董占董事会席位的1/3以上，其在选聘审计师的决策中拥有重要的影响力。

立董事具有采取积极措施的强烈动机,通过强化对管理层行为的监督与约束,以降低公司发生信息披露违规的可能性。上海证券交易所行业信息披露改革中对季度经营信息进行定期披露的要求,不但在一定程度上增加了公司操纵财务信息被揭露的可能性,而且提高了投资者和监管者对公司的关注度,公司一旦被曝出财务违规行为将更可能招致监管处罚、民事诉讼以及广泛的负向市场反应。可见,任职公司披露季度经营信息在一定程度上提高了管理层盈余操纵行为被揭露的可能性,公司财务信息披露违规行为一旦曝光,作为负有监督职责的独立董事往往也会被追问其尽职情况,从而一定程度上增加了独立董事声誉蒙羞的风险。由于注册会计师审计作为一种重要的外部治理机制,在保障公司财务信息质量方面发挥重要作用,同时处于网络中心的独立董事通常具备较强的话语权,能够在较大程度上影响任职公司审计师选择决策的结果。那么,随着季度经营信息披露政策的实施,公司外部信息环境的逐步改善,公司财务信息操纵行为被外部信息使用者揭露的可能性显著提高。在此情境下,为了规避声誉蒙羞的风险,网络中心度较高的独立董事是否更有动机推动公司聘请具有良好市场声誉的审计师,以增强财务报告的质量呢?对此,本章参考邢秋航和韩晓梅(2018)的研究经验对独立董事网络中心度进行度量[①],同时按照年度和行业取 A 股上市公司当年独立董事网络中心度的中位数,进而将全样本划分为两组,一组是独立董事网络中心度较低的样本组,另一组是独立董事网络中心度较高的样本组,并分别对模型(6-1)进行回归。

表6-7列示了独立董事网络中心度的分组回归结果,回归结果显示,在独立董事网络中心度较低的样本组中,会计师事务所类型(BIG)与指示变量的交互项($TREAT \times AFTER$)之间的回归系数为0.286,但不显著。在独立董事网络中心度较高的样本组中,会计师事务所类型(BIG)与指示变量的交互项($TREAT \times AFTER$)之间的回归系数为0.451,显著为正。这表明相比独立董事网络中心度较低的公司,遵循上交所行业信息披露指引的相应要求,按季度披露经营信息更可能促使独立董事网络中心度较高的公司选择具有良好市场声誉的审计师。

[①] 依据独立董事同时在其他上市公司的兼任情况构建独立董事网络,对公司 i 的独立董事在公司 j 中同样担任独立董事的情况进行加总,然后除以构建独立董事网络企业的总数量减去1之后的数量,即为独立董事网络中心度。

表 6-7　　独立董事网络中心度的分组回归结果

变量	(1) BIG 独立董事网络中心度较低	(2) BIG 独立董事网络中心度较高
TREAT	-0.562*** (-3.26)	-0.216 (-1.20)
AFTER	-0.440 (-1.38)	-0.040 (-0.12)
TREAT × AFTER	0.286 (1.25)	0.451* (1.85)
SIZE	0.150 (1.59)	-0.016 (-0.15)
LEV	-0.607* (-1.84)	0.668* (1.66)
ROA	1.211 (0.99)	-1.819 (-1.34)
GROW	0.239 (0.97)	-0.022 (-0.09)
REC	0.014 (1.49)	0.010 (1.02)
BM	-0.462 (-1.21)	-0.810** (-1.98)
LOSS	0.106 (0.44)	-0.452* (-1.77)
SHARE	-0.609 (-1.36)	-1.142** (-2.21)
SAME	0.438*** (3.14)	-0.006 (-0.04)
INDEP	-0.791 (-0.77)	-0.383 (-0.35)
FEE	0.417*** (2.92)	0.754*** (4.74)
Constant	-5.828 (-0.23)	-7.370 (-0.20)
年度/行业	控制	控制
N	1693	1414
Pseudo R^2	10.95%	9.75%

注：***、** 和 * 分别代表在 0.01、0.05 和 0.1 的水平上显著，括号内为 T 值。

6.5.4 地区法治环境

上市公司所在地区的法治环境能够在很大程度上影响公司对法律、法规的遵从意愿。由于我国幅员辽阔，各地区之间发展程度不一，经济状况差异较大，经济立法相对滞后，地方保护主义较为普遍，因此，我国不同地区的经济法治水平存在较大的差异。在法治环境较好的地区，行政执法水平、诉讼执行效率、依法维权意识以及遵纪守法自觉性均较高，那么上市公司不但遵守上交所季度经营信息披露政策的意愿较强，更可能依照政策的相关要求如实披露公司的经营信息，并且公司公开披露的季度经营信息存在差错或者与财务信息不相符时，会面临较高的监管处罚和民事诉讼风险，招致严重的经济和声誉损失。然而，在法治环境较差的地区，由于监管执法不严、法律执行力有限以及违规成本偏低，部分公司管理层的信息披露合规意识相对较为薄弱，更倾向于通过隐瞒、弱化甚至扭曲对外披露的信息来掩盖实际经营状况，以谋求短期利益或规避外部监督。即便在季度经营信息披露政策推行之后，受限于制度约束力不强和问责机制不完善，部分公司仍可能出于规避风险、掩盖问题或维持信息优势的考虑，提升信息披露质量的意愿较为有限。那么，在法治环境较好的地区，良好的行政监管和投资者保护环境，较高的执法水平和违规成本，能否促使须要遵从上交所季度经营信息披露政策的上市公司更倾向于提高信息披露质量，改善其在资本市场中的形象，进而增强这些上市公司选择具备较高市场声誉审计师的意愿呢？为了对此进行检验，本章参考方红星等（2017）、王兰芳等（2019）的研究经验借助王小鲁等（2019）中国分省份市场化指数报告中的"市场中介组织的发育和法律制度环境"分项指数衡量上市公司注册地区的法治环境[①]，同时按照当年各省份法治环境指数的中位数将全样本划分为两组，一组是上市公司所在地区法治环境较差的样本组，另一组是上市公司所在地区法治环境较好的样本组，并分别对模型（6-1）进行回归。

表6-8列示了上市公司所处地区法治环境的分组回归结果，回归结果显示，在地区法治环境较差的样本组中，会计师事务所类型（*BIG*）与指示变量

[①] 王小鲁等（2019）以中国分省份市场化指数报告中未包含年份的"市场中介组织的发育和法律制度环境"分项指数通过外推计算得出。

的交互项（TREAT×AFTER）之间的回归系数为 0.186，但不显著。在地区法治环境较好的样本组中，会计师事务所类型（BIG）与指示变量的交互项（TREAT×AFTER）之间的回归系数为 0.529，在 5% 的水平上正向显著。这表明相比所处地区法治环境较差的公司，遵循上交所行业信息披露指引的相应要求，按季度披露经营信息更可能促使所处地区法治环境较好的公司选择具有良好市场声誉的审计师。

表 6-8　　　　　　　　　　地区法治环境的分组回归结果

变量	（1） BIG 地区法治环境较差	（2） BIG 地区法治环境较好
TREAT	-0.572*** (-3.39)	-0.182 (-0.95)
AFTER	-0.229 (-0.72)	-0.261 (-0.76)
TREAT×AFTER	0.186 (0.83)	0.529** (2.09)
SIZE	0.257*** (2.69)	-0.165 (-1.54)
LEV	0.017 (0.05)	-0.249 (-0.62)
ROA	0.038 (0.03)	-1.805 (-1.31)
GROW	0.102 (0.41)	0.029 (0.11)
REC	0.010 (1.30)	0.020 (1.51)
BM	-1.107*** (-2.91)	-0.271 (-0.63)
LOSS	-0.054 (-0.23)	-0.547** (-2.01)
SHARE	-1.381*** (-3.04)	0.010 (0.02)
SAME	0.488*** (3.27)	-0.100 (-0.72)

续表

变量	（1） BIG 地区法治环境较差	（2） BIG 地区法治环境较好
INDEP	1.826* (1.70)	-3.540*** (-3.16)
FEE	0.329** (2.28)	0.991*** (5.68)
Constant	-7.265 (-0.19)	-5.945 (-0.29)
年度/行业	控制	控制
N	1669	1438
Pseudo R^2	11.53%	13.39%

注：***、**和*分别代表在0.01、0.05和0.1的水平上显著，括号内为T值。

6.5.5　会计信息质量

审计契约的签订是审计需求方和审计供给方达成一致的结果。一方面，季度经营信息披露政策的实施改善了公司的外部信息环境，增加财务信息操纵行为被揭露的可能性。在更为透明的信息环境中，公司的信息披露行为将更易受到监管机构、投资者以及媒体等多方主体的持续关注，从而压缩管理层通过会计手段操纵财务结果的空间。另一方面，尽管我国审计市场竞争较为激烈，审计服务的需求方大多主导了审计师选择决策。但是，对于具备较高市场声誉的审计师而言，其不仅重视审计客户带来的经济收益，而且还重视自身市场声誉的维护和提升。这是因为审计师只有长期以来坚持提供高质量的审计服务，才能形成良好的市场声誉。良好的市场声誉不但能够增强审计师对于优质客户的吸引力，而且还能提高审计师的议价能力。若高声誉的审计师发生审计失败，不仅会致使审计师的声誉蒙羞，促使客户流失，而且还更可能招致监管处罚和民事诉讼，导致巨大的经济利益损失。因此，高声誉的审计师通常不倾向于接受财务报表重大错报风险较高的客户。季度经营信息披露增强了上市公司提高财务报表信息质量的倾向，削弱了管理层操纵会计信息的意愿，从而有利于降低财务报表的重大错报风险。那么，季度经营信息披露导致的会计信息质量的改善是否有利于公司聘请高声誉的审计师呢？

本章采用逐步检验法验证上述推断。本章参考于连超等（2018）的研究经验，使用盈余平滑度（ES）作为上市公司会计信息质量的替代度量①。具体检验步骤为：（1）检验季度经营信息披露与会计师事务所类型之间的回归系数是否显著，回归结果已列于表6-4中，会计师事务所类型（BIG）与指示变量的交互项（TREAT×AFTER）之间的回归系数是0.348，且在5%的水平上正向显著；（2）检验盈余平滑度与季度经营信息披露之间的回归系数是否显著；（3）将盈余平滑度纳入本章的主测试模型中，检验季度经营信息披露的回归系数显著与否。步骤（2）、步骤（3）的回归结果如表6-9所示，盈余平滑度（ES）与指示变量的交互项（TREAT×AFTER）之间的回归系数是-1.102，且显著为负，这表明上市公司遵循上交所行业信息披露指引的要求披露季度经营信息有利于降低盈余平滑度，抑制管理层对企业业绩波动的平滑操纵，提高上市公司的会计信息质量。同时，在模型（6-1）中纳入盈余平滑度（ES）之后，会计师事务所类型（BIG）与指示变量的交互项（TREAT×AFTER）之间的回归系数是0.356，且显著为正，表明盈余平滑度在季度经营信息披露与会计师事务所类型之间起到部分中介作用②。

表6-9　　　　　　　　　　会计信息质量的回归结果

变量	(1) ES	(2) BIG
TREAT	0.642 (1.54)	-0.481*** (-3.26)
AFTER	0.659 (0.76)	-0.314 (-1.08)
TREAT×AFTER	-1.102* (-1.73)	0.356* (1.66)
ES		-0.025*** (-3.37)
SIZE	0.059 (0.22)	0.119 (1.28)

---

① 盈余平滑度的度量方法参照弗朗西斯等（2004）、游家兴和李斌（2007）的研究经验。

② Sobel中介效应检验的Z值为：3.365。

续表

变量	(1) ES	(2) BIG
LEV	4.304*** (4.59)	0.090 (0.27)
ROA	-12.535*** (-4.96)	-0.402 (-0.32)
GROW	0.513 (0.71)	-0.002 (-0.01)
REC	0.010 (0.62)	0.018*** (2.72)
BM	2.072** (2.07)	-0.619* (-1.71)
LOSS	-5.279*** (-11.02)	-0.256 (-1.19)
SHARE	-1.331 (-1.00)	-0.963** (-2.12)
SAME	0.993** (2.00)	0.365** (2.54)
INDEP	-3.008 (-1.18)	2.311** (2.29)
FEE	-1.146*** (-2.75)	0.596*** (4.45)
Constant	16.737*** (3.32)	-8.210 (-0.15)
年度/行业	控制	控制
N	1857	1857
Pseudo R^2	13.57%	11.44%

注：***、**和*分别代表在0.01、0.05和0.1的水平上显著，括号内为T值。

6.6 稳健性检验

6.6.1 替换会计师事务所类型的度量变量

在主测试中，本章使用"十大"作为会计师事务所类型的度量变量，本部分进一步选用"十四大"作为会计师事务所类型的度量变量重新对模型（6-1）进行回归检验，结果如表6-10所示①。由表6-10可知，在使用"十四大"度量会计师事务所类型之后，会计师事务所类型（BIG）与指示变量的交互项（TREAT×AFTER）之间的回归系数为0.330，且在5%的水平上显著，这表明本章主测试的实证结果较为可靠。

表6-10　　　　　　　　　主测试回归结果

变量	(1) BIG	(2) BIG	(3) BIG
TREAT	-0.381*** (-3.22)	-0.473*** (-3.89)	-0.397*** (-3.15)
AFTER	-0.110 (-1.07)	-0.149 (-1.40)	-0.275 (-1.17)
TREAT×AFTER	0.304* (1.87)	0.349** (2.12)	0.330** (1.97)
SIZE		0.021 (0.33)	0.020 (0.28)
LEV		0.360 (1.54)	0.106 (0.41)
ROA		0.255 (0.29)	0.458 (0.50)
GROW		0.162 (0.93)	0.113 (0.64)
REC		0.010 (1.54)	0.012* (1.66)
BM		-0.159 (-0.69)	-0.218 (-0.78)
LOSS		-0.135 (-0.78)	-0.079 (-0.44)
SHARE		-0.619* (-1.88)	-0.591* (-1.74)

---

① "十四大"是指在中注协发布的《会计师事务所综合评价前百家信息》中位列前十四位的会计师事务所，其中包含国际"四大"和国内"十大"。

续表

变量	(1) BIG	(2) BIG	(3) BIG
SAME		0.162* (1.65)	0.179* (1.79)
INDEP		-0.914 (-1.23)	-0.980 (-1.30)
FEE		0.459*** (4.62)	0.513*** (4.78)
Constant	1.049*** (13.84)	-5.298*** (-4.48)	-4.387 (-0.18)
年度/行业	未控制	未控制	控制
N	3107	3107	3107
Pseudo R^2	0.50%	3.08%	5.51%

注：***、**和*分别代表在0.01、0.05和0.1的水平上显著，括号内为T值。

6.6.2 控制公司固定效应

尽管本章在主测试中控制了公司规模、财务杠杆、盈利能力等公司特征变量，但仍可能存在本章尚未控制且对研究结论具有重大影响的公司特征变量。对此，本部分在模型（6-1）的基础上进一步控制公司固定效应，用以缓和遗漏公司层面特征变量对本章研究结论的潜在影响，具体回归结果如表6-11所示。由表6-11可知，在控制公司层面固定效应后，会计师事务所类型（BIG）与指示变量的交互项（TREAT×AFTER）之间的回归系数为1.777，且在5%的水平上显著，这表明本章主测试的实证结果较为可靠。

表6-11　　　　　　　　控制公司固定效应

变量	(1) BIG	(2) BIG	(3) BIG
TREAT	-23.810 (-0.11)	-29.423 (-0.14)	25.027 (0.16)
AFTER	-0.511* (-1.76)	-0.654* (-1.77)	-1.630* (-1.85)

续表

变量	(1) BIG	(2) BIG	(3) BIG
TREAT × AFTER	1.904*** (3.37)	2.054*** (3.14)	1.777** (2.45)
SIZE		2.627*** (3.17)	1.302 (1.40)
LEV		-8.755*** (-3.56)	-8.319*** (-3.08)
ROA		-10.955*** (-2.65)	-8.748** (-1.99)
GROW		2.247** (2.34)	2.249** (2.22)
REC		0.011 (0.35)	0.021 (0.60)
BM		-6.816*** (-4.90)	-3.302 (-1.58)
LOSS		-1.028 (-1.46)	-0.994 (-1.31)
SHARE		-0.754 (-0.23)	2.021 (0.57)
SAME		-1.551** (-2.32)	-1.629** (-2.35)
INDEP		-2.815 (-0.57)	-4.990 (-0.92)
FEE		-0.416 (-0.37)	-0.122 (-0.10)
Constant	12.474 (0.15)	-28.448 (-0.34)	29.341 (0.07)
年度/行业	未控制	未控制	控制
公司	控制	控制	控制
N	3107	3107	3107
Pseudo R^2	68.10%	68.72%	68.97%

注：***、**和*分别代表在0.01、0.05和0.1的水平上显著，括号内为T值。

6.6.3 剔除创业板样本

本部分剔除深交所创业板上市公司样本，重新对模型（6-1）进行回归，以缓和深交所创业板上市公司更早开始施行行业信息披露指引和其特殊性对本章研究结论的潜在影响，具体回归结果如表 6-12 所示。由表 6-12 可知，在剔除深交所创业板上市公司之后，会计师事务所类型（BIG）与指示变量的交互项（TREAT×AFTER）之间的回归系数为 0.323，且正向显著，与主测试的回归结果基本一致。

表 6-12 剔除创业板样本

变量	(1) BIG	(2) BIG	(3) BIG
TREAT	-0.389*** (-3.28)	-0.448*** (-3.70)	-0.383*** (-3.04)
AFTER	-0.040 (-0.36)	-0.050 (-0.44)	-0.230 (-0.97)
TREAT×AFTER	0.304* (1.86)	0.354** (2.12)	0.323* (1.89)
SIZE		0.111* (1.73)	0.113 (1.56)
LEV		0.235 (0.98)	0.012 (0.04)
ROA		-0.526 (-0.58)	-0.810 (-0.84)
GROW		-0.024 (-0.13)	-0.087 (-0.45)
REC		0.009 (1.36)	0.013** (1.97)
BM		-0.932*** (-3.99)	-1.029*** (-3.54)
LOSS		-0.245 (-1.40)	-0.258 (-1.43)

续表

变量	(1) BIG	(2) BIG	(3) BIG
SHARE		-0.760** (-2.25)	-0.840** (-2.38)
SAME		0.173* (1.65)	0.201* (1.86)
INDEP		0.165 (0.21)	0.190 (0.24)
FEE		0.517*** (5.12)	0.587*** (5.31)
Constant	0.817*** (10.34)	-8.181*** (-6.63)	-7.897 (-0.35)
年度/行业	未控制	未控制	控制
N	2724	2724	2724
Pseudo R²	0.64%	4.37%	8.68%

注：***、**和*分别代表在0.01、0.05和0.1的水平上显著，括号内为T值。

6.6.4 变更缩尾水平

尽管在主测试中对所有连续变量上下两端各1%进行了缩尾处理，但是仍可能存在极端异常值对本章实证结果产生重大影响的可能性。对此，本部分对所有连续变量上下两端各5%进行了缩尾处理，重新对模型（6-1）进行回归，以缓和极端异常值对本章研究结论的潜在影响，具体回归结果如表6-13所示。由表6-13可知，会计师事务所类型（BIG）与指示变量的交互项（TREAT×AFTER）之间的回归系数为0.340，且在5%的水平上显著，与主测试的回归结果基本一致。

表6-13　　　　　　　　变更缩尾水平

变量	(1) BIG	(2) BIG	(3) BIG
TREAT	-0.391*** (-3.44)	-0.440*** (-3.75)	-0.383*** (-3.16)

续表

变量	(1) BIG	(2) BIG	(3) BIG
AFTER	-0.084 (-0.86)	-0.086 (-0.85)	-0.231 (-1.02)
TREAT×AFTER	0.349** (2.23)	0.369** (2.33)	0.340** (2.10)
SIZE		0.085 (1.34)	0.060 (0.83)
LEV		0.090 (0.37)	-0.089 (-0.34)
ROA		-1.792 (-1.60)	-1.681 (-1.39)
GROW		0.184 (0.88)	0.111 (0.51)
REC		-0.013 (-0.39)	0.032 (0.86)
BM		-0.715*** (-3.06)	-0.640** (-2.22)
LOSS		-0.330** (-2.04)	-0.296* (-1.76)
SHARE		-0.946*** (-2.86)	-0.942*** (-2.75)
SAME		0.191** (2.02)	0.223** (2.31)
INDEP		-0.636 (-0.89)	-0.559 (-0.76)
FEE		0.503*** (4.95)	0.582*** (5.26)
Constant	0.820*** (11.37)	-7.040*** (-5.76)	-6.549 (-0.29)
年度/行业	未控制	未控制	控制
N	3107	3107	3107
Pseudo R²	0.55%	3.48%	6.11%

注：***、**和*分别代表在0.01、0.05和0.1的水平上显著，括号内为T值。

6.6.5 倾向匹配得分法

考虑到选择性偏差对研究样本的潜在影响,本章采用倾向匹配得分法对研究结果进行稳健性测试。在处理组和控制组指示变量(TREAT)的基础上,利用倾向得分值为上交所遵循行业信息披露指引的要求按季度披露经营信息的公司寻找特征相近的深交所对照组样本。配对过程具体如下:第一步,使用逻辑(Logit)回归模型,将公司规模(SIZE)、财务杠杆(LEV)、盈利能力(ROA)、成长性(GROW)等变量作为匹配特征进行控制,估算倾向得分值(Pscore);第二步,使用近邻匹配方法为每个处理组公司匹配出控制组公司,近邻匹配使用 1∶1 匹配;第三步,使用配对出的子样本重新对模型(6-1)进行回归。匹配结果如表 6-14、表 6-15 所示。回归结果如表 6-16 所示,在使用倾向匹配得分法对控制组进行筛选之后,会计师事务所类型(BIG)与指示变量的交互项(TREAT × AFTER)之间的回归系数为 0.421,且正向显著,原结论依然稳健。

表 6-14　　　　　　　　　　倾向得分匹配回归

变量	(1) TREAT 匹配前	(2) TREAT 匹配后
SIZE	0.293*** (4.26)	0.020 (0.25)
LEV	0.925*** (3.61)	-0.184 (-0.62)
ROA	2.567*** (2.75)	-0.506 (-0.46)
GROW	-0.889*** (-4.76)	-0.104 (-0.47)
REC	-0.001 (-0.14)	-0.001 (-0.15)
BM	0.047 (0.17)	0.012 (0.04)
LOSS	-0.234 (-1.32)	-0.166 (-0.82)

续表

变量	（1） TREAT 匹配前	（2） TREAT 匹配后
SHARE	-0.787** (-2.35)	-0.324 (-0.85)
SAME	0.118 (1.19)	0.006 (0.05)
INDEP	-0.784 (-1.04)	0.214 (0.25)
FEE	-0.345*** (-3.35)	0.022 (0.18)
年度/行业	控制	控制
Constant	-2.359 (-0.11)	-0.542 (-0.39)
N	3107	1964
Pseudo R^2	17.93%	0.98%

注：***、**分别代表在0.01、0.05的水平上显著，括号内为T值。

表6-15　　　　　　　　倾向得分匹配样本差异检验

变量	对照组	处理组	DIF	T值
SIZE	22.522	22.486	-0.036	-0.67
LEV	0.477	0.479	0.002	0.16
ROA	0.057	0.057	0.001	0.19
GROW	0.127	0.133	0.007	0.65
REC	1.621	1.675	0.055	0.19
BM	0.594	0.586	-0.008	-0.69
LOSS	0.098	0.104	0.006	0.45
SHARE	0.210	0.216	0.006	1.02
SAME	0.230	0.235	0.005	0.27
INDEP	0.372	0.371	-0.001	-0.32
FEE	13.698	13.682	-0.016	-0.63
Propensity Score	0.425	0.423	-0.002	-0.23

表 6-16 倾向得分匹配回归结果

变量	(1) BIG	(2) BIG	(3) BIG
TREAT	-0.491*** (-3.52)	-0.532*** (-3.75)	-0.519*** (-3.59)
AFTER	-0.071 (-0.50)	-0.069 (-0.48)	-0.185 (-0.65)
TREAT×AFTER	0.393** (2.04)	0.449** (2.29)	0.421** (2.10)
SIZE		0.082 (1.07)	0.037 (0.42)
LEV		0.321 (1.12)	0.122 (0.37)
ROA		-1.076 (-0.96)	-0.843 (-0.70)
GROW		0.253 (1.07)	0.230 (0.94)
REC		0.002 (0.32)	0.006 (0.68)
BM		-0.995*** (-3.53)	-0.923*** (-2.62)
LOSS		0.040 (0.19)	0.088 (0.39)
SHARE		-1.031*** (-2.59)	-0.977** (-2.34)
SAME		0.283** (2.31)	0.330*** (2.62)
INDEP		0.410 (0.45)	0.522 (0.56)
FEE		0.447*** (3.70)	0.552*** (4.17)
Constant	0.888*** (8.68)	-6.599*** (-4.65)	-5.922 (-0.19)
年度/行业	未控制	未控制	控制
N	1964	1964	1964
Pseudo R^2	1.06%	4.43%	9.15%

注：***、**分别代表在 0.01、0.05 的水平上显著，括号内为 T 值。

6.6.6 安慰剂检验

参考托帕洛娃(2010)、吕越等(2019)的研究经验,本部分通过调整政策的实施时间检验双重差分模型的回归结果是否发生实质性改变。具体而言,本部分将上交所针对相应行业的季度经营信息披露政策的施行时间人为提前2年,再进行双重差分检验①。在人为调整上交所季度经营信息披露政策的施行时间之后,若核心变量的回归系数不再显著,这意味着上交所季度经营信息披露政策导致了处理组和控制组之间的差异;若核心变量的回归系数显著,这意味着存在上交所季度经营信息披露政策之外的其他因素致使处理组和控制组之间的差异。具体回归结果如表 6-17 所示。由表 6-17 可知,会计师事务所类型(BIG)与指示变量的交互项($TREAT \times AFTER$)之间的回归系数不再显著,这表明人为提前上交所季度经营信息披露政策的施行时间之后,原结论不再成立,这意味着上交所季度经营信息披露政策的实施确实是导致处理组和控制组选择的会计师事务所类型存在差异的主要原因,原结论依然稳健。

表 6-17　　　　　　　　　　安慰剂检验回归结果

变量	(1) BIG	(2) BIG	(3) BIG
TREAT	-0.160 (-1.38)	-0.234* (-1.93)	-0.136 (-1.04)
AFTER	0.530*** (5.24)	0.387*** (3.66)	0.059 (0.27)
TREAT × AFTER	-0.154 (-0.95)	-0.169 (-1.02)	-0.259 (-1.50)

---

① 房地产、煤炭开采和洗选、石油和天然气开采行业的对比期间人为调整为 2010 年和 2011 年对比 2012 年和 2013 年;电力、零售、汽车制造行业的对比期间人为调整为 2011 年和 2012 年对比 2014 年和 2015 年;钢铁、服装、新闻出版行业的对比期间人为调整为 2012 年和 2013 年对比 2014 年和 2015 年;酒制造、广播电视传输服务、环保服务、水的生产和供应、化工、农林牧渔行业的对比期间人为调整为 2013 年和 2014 年对比 2015 年和 2016 年;食品制造、影视、家具制造、有色金属行业的对比期间人为调整为 2015 年和 2016 年对比 2017 年和 2018 年。

续表

变量	(1) BIG	(2) BIG	(3) BIG
SIZE		0.138** (2.09)	0.140* (1.84)
LEV		-0.201 (-0.84)	-0.056 (-0.21)
ROA		-0.822 (-0.87)	-0.790 (-0.78)
GROW		-0.317** (-1.98)	-0.204 (-1.19)
REC		0.008 (1.39)	0.011* (1.79)
BM		-0.766*** (-3.17)	-0.830*** (-2.62)
LOSS		0.021 (0.12)	-0.037 (-0.21)
SHARE		-0.316 (-0.93)	-0.458 (-1.28)
SAME		0.298*** (2.88)	0.323*** (2.99)
INDEP		-0.554 (-0.73)	-0.705 (-0.89)
FEE		0.591*** (5.70)	0.647*** (5.73)
Constant	0.288*** (4.04)	-9.880*** (-8.01)	-11.454 (-0.18)
年度/行业	未控制	未控制	控制
N	2740	2740	2740
Pseudo R²	2.20%	6.64%	12.36%

注：***、**和*分别代表在0.01、0.05和0.1的水平上显著，括号内为T值。

6.6.7　补充控制变量

尽管本章在主测试中已经从公司规模（SIZE）、财务杠杆（LEV）、盈利能力（ROA）、成长性（GROW）、经营能力（REC）、发展前景（BM）、盈亏状况（LOSS）、股权情况（SHARE）、两职合一（SAME）、独董比例（INDEP）、审计收费（FEE）方面对研究样本的特征进行了控制，但仍然可能存在遗漏控制变量问题。因此，在模型（6-1）的控制变量中进一步纳入子公司数量（SUBS）和海外业务收入（OVSEA）之后①，重新进行回归，具体回归结果如表6-18所示。由表6-18可知，会计师事务所类型（BIG）与指示变量的交互项（TREAT×AFTER）之间的回归系数为0.328，且在5%的水平上显著，原结论依然稳健。

表6-18　　　　　　　　补充控制变量回归结果

变量	(1) BIG	(2) BIG	(3) BIG
TREAT	-0.370*** (-3.20)	-0.434*** (-3.64)	-0.368*** (-2.98)
AFTER	-0.072 (-0.73)	-0.063 (-0.61)	-0.208 (-0.91)
TREAT×AFTER	0.334** (2.11)	0.360** (2.24)	0.328** (1.99)
SIZE		0.122** (1.96)	0.109 (1.53)
LEV		0.059 (0.26)	-0.118 (-0.47)
ROA		-0.276 (-0.32)	-0.197 (-0.22)
GROW		0.112 (0.66)	0.044 (0.25)
REC		0.007 (1.13)	0.011 (1.61)
BM		-0.688*** (-3.08)	-0.606** (-2.22)

---

① 子公司数量（SUBS）取值为上市公司子公司总数量的算术平方根；海外业务收入（OVSEA）取值为上市公司海外总收入占营业收入的比重。

续表

变量	(1) BIG	(2) BIG	(3) BIG
LOSS		-0.199 (-1.18)	-0.160 (-0.92)
SHARE		-0.983*** (-3.06)	-0.995*** (-3.00)
SAME		0.200** (2.07)	0.230** (2.34)
INDEP		-0.491 (-0.68)	-0.493 (-0.67)
FEE		0.528*** (5.09)	0.544*** (4.95)
SUBS		-0.048** (-2.06)	-0.034 (-1.28)
OVSEA		0.205 (0.87)	0.172 (0.67)
Constant	0.822*** (11.22)	-8.195*** (-6.12)	-7.109 (-0.32)
年度/行业	未控制	未控制	控制
N	3042	3042	3042
Pseudo R^2	0.50%	3.77%	6.38%

注：***、**分别代表在0.01、0.05的水平上显著，括号内为T值。

6.7 本章小结

审计师选择是审计研究领域的核心议题，本章从审计师选择的视角，探讨上市公司披露季度经营信息的经济后果具有重要意义。本章基于我国证券交易所行业信息披露改革的制度背景，选取沪深两市2012~2020年A股上市公司样本数据，利用双重差分法探究上市公司季度经营信息披露对审计师选择的影响。研究发现：相比控制组公司，遵循上交所行业信息披露指引的要求，客户公司披露季度经营信息能够促使其选择高质量的审计师。这说明季度经营信息披露政策的实施对公司信息披露行为产生了重要影响，促使其主动提升信息披露质量，从而更倾向于聘请具有良好声誉和专业胜任能力的大型会计师事务所，进而借助高质量审计服务提升公司信息披露的可信度与外部监督效能。进一步研究发现：（1）相比国有企业，季度经营信息的披露更可能促使非国有企业选择高质量审计师。这是因为，非国有企业融资渠道相对有限，面临更为严峻的融资约束，其管理层往往更依赖财务信息向外部传递公司价值，从而具备更强的盈余管理动机。季度经营信息的披露能够在一定程度上提高管理层盈余操纵行为被识别和追责的可能性，增强管理层面临的外部约束。为缓和外部信息使用者的顾虑，提高公司信息披露质量，改善公司在资本市场中的形象与融资条件，非国有企业聘请具有良好声誉的高质量审计师的动机较强。（2）相比代理冲突较强的公司，季度经营信息的披露更可能促使代理冲突较弱的公司选择高质量审计师。这是因为，季度经营信息披露政策的实施，改善了公司的外部信息环境，能够在一定程度上缓和公司与外部信息使用者之间的信息不对称程度，从而增加了财务信息操纵行为被揭露的风险。在此情境下，公司内部代理冲突越小，管理层与股东之间的目标一致性越强，管理层越有动机规避信息披露违规引发的外部监管风险和声誉损失，其提升财务信息质量的意愿也越强。因此，内部代理冲突较弱的公司管理层更倾向于聘请具有良好声誉的高质量审计师以提升公司的信息披露质量。（3）相比独立董事网络中心度较低的企业，季度经营信息的披露更可能提高独立董事网络中心度较高的企业选择高质量审计师的可能性。这是因为，网络中心度较高的独立董事不但具备较高的市场声誉，为了降低声誉蒙羞的风险，积极采取措施以避免任职公司发生财务丑闻的意愿较强，而且网络中心度较高的独立董事在审计师选择决策中往往有较强的话语权。季度经营信息披露导致上市公司操纵财务信息被揭露的可能性的提高会增强网络中心度较高的独立董事促使任职公司聘请高声誉审计师的意愿。（4）相比所处地区法治环境较差的公司，季度经营信息披露更可能促使所处地区法治环境较好的公司选聘高质量的审计师。这是因为，在法治环境较好的地区，行政执法水平、诉讼执行效率、依法维权意识以及遵纪守法自觉性均较高，那么上市公司不但遵守上交所季度经营信息披露政策的意愿较强，更可能依照政策的相关要求如实披露公司的经营信息。并且公司公开披露的季度经营信息存在差错或者与财务信息不相符时，会面临较高的监管处罚和民事诉讼风险，招致严重的经济和声誉损失。因此，这些上市公司选择高质量审计师的意愿较强。（5）会计信息质量在季度经营信息披露与会计师事务所类型之间起到部分中介作用。季度经营信息披露增强了上市公司提高财务报表信息质量的倾向，削弱了管理层操纵会计信息的意愿，从而有利于降低财务报表的重大错报风险。随着公司会计信息质量的改善，高声誉审计师面临的审计执业风险下降，双方契约达成的可能性提高，因此，季度经营信息披露有助于促进公司聘请具有良好市场声誉的审计师。实施了一系列的稳健性检验，包括替换会计师事务所类型的度量变量、控制公司固定效应、剔除深交所创业板样本、变更连续变量的缩尾水平、利用倾向匹配得分法进行检验、进行安慰剂检验以及补充控制变量，已有研究结论依然成立。本章的研究从审计师选择角度丰富了季度经营信息披露之经济后果方面的文献，为监管部门了解和全面评价信息披露市场化改革的政策实施效果提供了直接证据；并丰富了审计师选择领域的文献，为理解资本市场信息环境变革背景下的审计资源配置优化提供了重要的经验证据。

第 7 章

研究结论和政策建议

7.1 研究结论

随着资本市场经历逾 30 年的发展，在社会总资产结构之中股票、债券等证券资产占比迅猛攀升，证券业对于国民经济的重要性日益凸显，长期以来以银行业为主导的金融体系逐步向银行业与证券业并重的金融体系转变。为进一步激发市场活力，提高市场效率，发挥支持经济高质量发展的功能，我国新股发行逐步由核准制变更为注册制。资本市场不仅是资金市场更是信息市场，在推行注册制改革的现实背景下，资本市场信息披露质量尤为重要。在注册制下，监管部门不对拟发行证券进行价值判断，只需确保公司对外披露信息的真实性，投资者需依据公司的相关信息，自行判断公司的实际价值。在此情境下，公司信息披露的重要性进一步提升。在证券市场中，交易标的是某项未来收益的索取权，这就意味着投资者只有获取了充分、及时、准确的信息，才能作出恰当的投资决策，可以说资本市场不仅仅是资金市场，更是信息市场（Diamond and Verrecchia，1991；徐福寿和徐龙炳，2015）。然而资本市场中的经济行为主体之间客观存在着信息不对称，同时也难以仅依靠市场机制予以解除，因此，需借助监管机构规范上市公司的信息披露行为，提高信息披露质量（Chen et al.，2005；郝旭光等 2013；郭思永等，2015）。

为了缓和经济行为主体之间的信息不对称程度，深入推动市场化改革，提高资源配置效率，我国证券市场监管者开始推行"以信息披露为中心"的监管改革策略。值得注意的是，监管机构不仅仅从会计信息披露的角度，还从企业社会责任信息、ESG 信息以及管理层讨论与分析等非会计信息披露的角度构建上市公司信息披露体系。社会责任信息的披露能够帮助企业获得利益相关者的信任与认可，改善企业与利益相关者之间的关系，从而提升企业的市场表现（廉春慧和王跃堂，2018）。ESG信息披露质量的提高不但能够帮助利益相关者了解企业未来可持续发展能力，降低投资者逆向选择的概率（孙冬等，2019），而且能够向市场传递企业重视绿色可持续发展的积极信号，树立良好的社会形象，提高声誉资本，改善融资环境（Eliwa et al.，2019；李慧云等，2022）。管理层讨论与分析提供了管理层对公司当前和未来业绩的看法，能够向投资者揭示管理层对公司过去经营状况的评价分析以及对公司未来发展趋势和发展前景的判断和预期，帮助投资者进一步了解企业价值和风险，继而提高资本市场资源配置效率（林晚发等，2022）。可见，企业非财务信息的披露能够向外部利益相关者提供一定的增量信息，缓和企业内外部信息差异，改善资本市场信息环境。

从2013年开始，上海和深圳两大证券交易所开始试点推出各自的行业信息披露规则体系，要求上市公司进行契合行业特征的信息披露。分行业信息披露监管政策的施行增强了证券交易所的监管力度，提高了公司管理层改善信息披露质量的意愿，从而有助于抑制公司管理层操纵会计盈余和刻意隐瞒坏消息的动机（胡瑞文，2019；朱翔，2019）。并且作为资本市场信息中介的分析师受益于分行业信息披露监管模式，在政策施行后其预测准确度得到了提高，预测的分歧度得到了降低（林钟高和朱杨阳，2021）。自2013年起上交所陆续发布了28号行业信息披露指引，除了第1号是一般规定外，其余27号共涉及27个行业。值得注意的是，在27个行业信息披露指引中，绝大多数行业信息披露指引都强制要求上市公司按季度（或按月份）披露生产经营信息。经营信息中包含了大量生产、销售等数据，这些产销数据不需要太多特定的知识或职业判断就能识别出具体数量的偏差，具有难以操纵的特点，并且公司的经营情况按季度呈现在公众面前，使得经营情况动态地展示出来，这无疑会带来信息环境的变化（刘珍瑜和刘浩，2021）。

本书基于我国资本市场信息披露改革的现实背景，以上海证券交易所分行业信息披露指引中对季度经营信息披露的要求为研究契机，探讨季度经营信息披露对注册会计师审计的影响，从而不但能够丰富注册会计师审计领域的文献研究，而且从审计角度对我国资本市场信息披露改革的经济后果进行了拓展。在对现有研究成果进行全面回顾和总结的基础上，本书理论分析了季度经营信息披露对审计质量、审计收费以及上市公司审计师选择决策的影响。然后，选取 2012~2020 年沪深两市 A 股上市公司为研究样本，实证检验了季度经营信息披露对审计质量、审计收费以及上市公司审计师选择决策的影响。主要研究结论如下：

第一，季度经营信息披露与审计质量的关系。采用应计盈余管理作为审计质量的替代度量，以上海证券交易所行业披露指引发布前后的沪市 A 股相关上市公司作为处理组，并选取深圳证券交易所对应行业的 A 股上市公司作为控制组，本书构建双重差分模型实证检验季度经营信息披露对审计质量的影响。研究发现：（1）相比于未受到季度经营信息披露政策约束的控制组公司，遵循上交所行业信息披露指引要求披露季度经营信息的客户公司，其审计师在执业过程中展现出了更高的谨慎性和独立性，审计质量显著提升。这一发现表明，季度经营信息的披露导致客户公司管理层的财务信息操纵行为更容易被外界发现，增强了审计师对潜在风险的敏感性，从而促使审计师采取更为严格的审计程序，并在执业过程中保持更高水平的职业怀疑和独立性。具体而言，季度经营信息的披露有助于提高公司信息透明度，信息环境的改善有利于审计师更好地了解被审计单位，使得审计师能够更精准地识别潜在的重大错报领域。同时，信息披露环境的改善还加剧了管理层财务信息操纵行为被揭露的风险，从而增加了审计师因不当执业遭受民事诉讼、监管处罚以及声誉蒙羞的可能性。在此背景下，审计师的风险规避倾向进一步强化，从而降低了其对客户公司财务信息操纵行为的容忍度。（2）在区分操纵性应计盈余的方向之后，相比负向操纵应计盈余的客户公司，由于正向操纵应计盈余的客户公司的财务报表中可能隐含较多的激进重大错报，因此，审计师在面对正向操纵应计盈余的客户公司时将感知到更高的执业风险压力。在此背景下，正向操纵应计盈余的公司披露季度经营信息更可能引发审计师采取更为谨慎的执业态度，通过强化审计程序的设计和执行来提高审计质量，从而有效约束管理层的财务信息操纵行为。（3）季度经营信息披露带来的审计风险提升能够在一定程度上打破审计师对经济重要客户的依赖局面。尽管经济重要客户为审计师带来稳定的收入来源，对会计师事务所的业绩指标具有重要贡献，然而季度经营信息披露带来的信息环境的改善，提高了审计师纵容此类客户管理层操纵财务信息行为被揭露的风险,加剧了审计失败引发民事诉讼、监管处罚以及声誉损失的可能性。审计师面临风险环境的加剧促使审计师更加重视风险规避,克服对经济重要客户的依赖倾向,进而增强对其管理层机会主义行为的监督和约束力度,提高整体审计质量。(4)企业内部代理冲突的严重程度在一定程度上制约了季度经营信息披露对审计质量提升的作用。在代理冲突较为严重的客户公司中,管理层与股东之间的利益冲突更为激烈,管理层更可能通过干扰审计过程来掩盖其财务信息操纵行为,季度经营信息披露对审计师执业质量的正向激励效果可能被弱化。相比之下,代理冲突不太突出的客户公司内部治理结构相对完善,能够为审计师提供更为友好的审计环境,因此,公司披露季度经营信息对审计质量的提升作用更加显著。(5)企业外部信息环境也对季度经营信息披露的效果产生重要影响。在外部信息环境较差的公司中,由于外部投资者和监管者获取信息的难度较大,管理层操纵财务信息的行为更难以被外部信息使用者识别,从而限制了季度经营信息披露对审计质量的促进作用。相比之下,在外部信息环境较好的公司中,较高的信息透明度能够更有效地约束管理层的机会主义行为,同时增强外部利益相关者对审计师执业行为的监督力度,从而季度经营信息披露对审计质量的提升具有正向影响。(6)通过各项稳健性测试,包括替换审计质量的度量变量、更换操纵性应计度量模型,控制公司固定效应,剔除深交所创业板上市公司样本,变更连续变量的缩尾水平,利用倾向匹配得分法进行检验,进行安慰剂检验,以及补充控制变量,得到了与主测试基本一致的研究结论。

第二,季度经营信息披露与审计收费的关系。围绕上交所行业信息披露指引的逐步施行这一外生事件,本书构建双重差分模型实证检验季度经营信息披露对审计收费的影响。研究发现:(1)相比控制组公司,遵循上交所行业信息披露指引的要求,客户公司披露季度经营信息能够促使审计师接受更低的审计定价。这表明季度经营信息的披露一方面能够有效降低审计师的信息收集成本,从而减少审计投入;另一方面能够有效抑制管理层操纵财务报表的动机,从而降低审计风险溢价。(2)由于非行业专长审计师在客户公司所属行业的专业知识储备和执业经验相对不足,难以准确理解客户公司的业务模式和经营活动。客户公司遵循行业信息披露指引的要求按季度披露经营信息，有助于非行业专长审计师更好地理解客户业务、识别重大错报风险较高的领域并设计审计程序。因此，相比行业专长审计师，客户公司披露季度经营信息对非行业专长审计师的信息增量价值更高，从而更可能促使其调低审计定价。（3）由于小规模会计师事务所资源有限，其审计师更可能接受风险水平较高的客户。同时在具体审计项目的执业过程中，也较难从事务所层面获得系统性的专业支持，不利于小规模会计师事务所审计师高效评估风险和合理设计程序，从而影响审计效率的提高。客户公司遵循上交所行业信息披露指引的要求定期披露季度经营信息，一方面，能够在一定程度上缓解审计师与客户之间的信息不对称，限制管理层盈余操纵行为的空间，从而降低未审财务报表中潜在的重大错报风险；另一方面，能帮助审计师更有效地评估风险与设计程序，促进审计效率的提高。因此，相较于大规模会计师事务所，小规模会计师事务所的审计师从客户披露的季度经营信息中获得的边际信息价值更高，更可能促使小规模会计师事务所审计师下调风险溢价和资源投入，从而降低审计收费水平。（4）由于融资约束程度较高的公司在获取外部资金方面面临较大困难，其管理层为了缓解融资压力，往往更倾向于通过操纵财务信息来营造良好的业绩表现，从而增强对投资者和债权人的吸引力。季度经营信息的披露有助于增强外部监督效能，约束管理层的机会主义行为。因此，相较于融资约束程度较低的公司，融资约束程度较高的公司披露季度经营信息，能够更大程度上约束管理层的盈余管理行为，从而更可能导致审计资源投入和审计风险溢价的下降，最终促使审计收费更显著地减少。（5）相比外部信息环境较好的公司，外部信息环境较差的公司与信息使用者之间的信息不对称程度更高，管理层的盈余操纵行为更难被及时发现与约束。季度经营信息的披露更可能缓和外部信息环境较差的公司与信息使用者之间的信息不对称程度，从而约束管理层操纵财务信息的行为并减少审计师的信息获取成本，进而降低审计定价。（6）会计信息质量在季度经营信息披露与审计收费之间起到部分中介作用。客户公司依据上交所行业信息披露指引的要求定期披露季度经营信息，能够在一定程度上抑制管理层操纵财务报表的动机，提升会计信息质量。随着会计信息质量的提高，财务报表中潜在重大错报风险的降低，审计师面临的审计风险随之下降，对审计风险溢价的要求也相应减少，从而促使审计师接受较低水平的审计定价。（7）通过各稳健性测试，包括控制公司固定效应、按照消费者价格指数调整审计收费、变更连续变量两端的缩尾水平、利用倾向匹配得分法进行检验、进行安慰剂检验以及补充控制变量，得到了与主测试基本一致的研究结论。

第三，季度经营信息披露与审计师选择的关系。从上市公司审计师选择决策出发，以上交所行业披露指引发布前后的沪市 A 股相关行业的上市公司作为处理组，并选取深交所对应行业的 A 股上市公司作为控制组，构建双重差分模型实证检验季度经营信息披露对上市公司审计师选择决策的影响。研究发现：（1）相比控制组公司，遵循上交所行业信息披露指引的要求，客户公司披露季度经营信息能够促使其选择高质量的审计师。这说明季度经营信息披露政策的实施对公司信息披露行为产生了重要影响，促使其主动提升信息披露质量，从而更倾向于聘请具有良好声誉和专业胜任能力的大型会计师事务所，进而借助高质量审计服务提升公司信息披露的可信度与外部监督效能。（2）相比国有企业，季度经营信息的披露更可能促使非国有企业选择高质量审计师。这是因为，非国有企业融资渠道相对有限，面临更为严峻的融资约束，其管理层往往更依赖财务信息向外部传递公司价值，从而具备更强的盈余管理动机。季度经营信息的披露能够在一定程度上提高管理层盈余操纵行为被识别和追责的可能性，增强管理层面临的外部约束。为缓和外部信息使用者的顾虑，提高公司信息披露质量，改善公司在资本市场中的形象与融资条件，非国有企业聘请具有良好声誉的高质量审计师的动机较强。（3）相比代理冲突较强的公司，季度经营信息的披露更可能促使代理冲突较弱的公司选择高质量审计师。这是因为，季度经营信息披露政策的实施，改善了公司的外部信息环境，能够在一定程度上缓和公司与外部信息使用者之间的信息不对称程度，从而增加了财务信息操纵行为被揭露的风险。在此情境下，公司内部代理冲突越小，管理层与股东之间的目标一致性越强，管理层越有动机规避信息披露违规引发的外部监管风险和声誉损失，其提升财务信息质量的意愿也越强。因此，内部代理冲突较弱的公司管理层更倾向于聘请具有良好声誉的高质量审计师以提升公司的信息披露质量。（4）相比独立董事网络中心度较低的企业，季度经营信息的披露更可能提高独立董事网络中心度较高的公司选择高质量审计师的可能性。这是因为，网络中心度较高的独立董事不但具备较高的市场声誉，为了降低声誉蒙羞的风险，积极采取措施以避免任职公司发生财务丑闻的意愿较强,而且网络中心度较高的独立董事在审计师选择决策中往往有较强的话语权。季度经营信息披露导致上市公司操纵财务信息被揭露的可能性的提高会增强网络中心度较高的独立董事促使任职公司聘请高声誉审计师的意愿。(5)相比所处地区法治环境较差的公司,季度经营信息披露更可能促使所处地区法治环境较好的公司选聘高质量的审计师。这是因为,在法治环境较好的地区,行政执法水平、诉讼执行效率、依法维权意识以及遵纪守法自觉性均较高,那么上市公司不但遵守上交所季度经营信息披露政策的意愿较强,更可能依照政策的相关要求如实披露公司的经营信息,并且公司公开披露的季度经营信息存在差错或者与财务信息不相符时,会面临较高的监管处罚和民事诉讼风险,招致严重的经济和声誉损失。因此,这些上市公司选择高质量审计师的意愿较强。(6)会计信息质量在季度经营信息披露与会计师事务所类型之间起到部分中介作用。季度经营信息披露增强了上市公司提高财务报表信息质量的倾向,削弱了管理层操纵会计信息的意愿,从而有利于降低财务报表的重大错报风险。随着公司会计信息质量的改善,高声誉审计师面临的审计执业风险下降,双方契约达成的可能性提高,因此,季度经营信息披露有助于促进公司聘请具有良好市场声誉的审计师。(7)通过各稳健性测试,包括替换会计师事务所类型的度量变量、控制公司固定效应、剔除深交所创业板样本、变更连续变量的缩尾水平、利用倾向匹配得分法进行检验、进行安慰剂检验以及补充控制变量,得到了与主测试基本一致的研究结论。

7.2 政策建议

为了提高上市公司的信息披露质量,改善资本市场信息环境,作为上市公司一线监管主体的上海证券交易所从 2013 年 12 月开始分批次颁布行业信息披露指引,这些披露指引大多向上市公司提出了按季度(或月份)对产销量等重要经营信息进行定期披露的要求。注册会计师审计制度作为我国资本市场重要的制度安排,在约束管理层机会主义行为、降低客户公司内部代理冲突、保障财务报表信息质量、缓和客户公司与外部市场经济主体之间的信息不对称程度等方面发挥重要作用。本书从注册会计师审计视角,探讨季度经营信息披露对审计师行为以及客户公司审计师选择决策的影响，进一步丰富了我国资本市场信息披露改革的经济后果。鉴于此，本书结合我国资本市场信息披露改革的现实背景和注册会计师审计行业的特点，分别从监管机构和资本市场信息使用者层面，提出几点不成熟的政策建议，以期能够为我国资本市场信息披露改革的推行和注册会计师审计行业的发展提供些许有益借鉴。

7.2.1 监管者应规范上市公司季度经营信息披露行为

自2013年上海证券交易所开始实施分行业信息披露改革以来，截至2020年，一共对27个行业发布了行业信息披露指引。除了对医药制造、集成电路、医疗器械行业以及航空、船舶、铁路运输设备制造未提出强制按季度（或月份）定期披露经营信息的要求外，对剩余的23个行业均要求按季度（或月份）定期披露经营信息。季度经营信息披露在改善上市公司信息披露质量、规范上市公司行为、提高审计效率等方面发挥了积极的作用。但是上交所只对季度经营信息的披露内容进行了简单的要求，尚未在季度经营信息披露的格式、各项具体经营信息披露的规范等方面提出具体的细化规范，从而即便同行业上市公司披露的季度经营信息在格式、内容、详细程度、披露方式等方面仍然存在较大的差异。为此，建议行业信息披露指引制定者细化季度经营信息披露的相关规定，或出台季度经营信息披露实施细则，对上市公司季度经营信息的具体披露提供详细的指导。具体建议从以下方面完善上市公司季度经营信息披露要求。

第一，规范季度经营信息的披露格式。当前，上海证券交易所在发布的行业信息披露指引中并未对季度经营信息的披露格式提出具体要求，导致部分上市公司仅通过简短的文字描述结合少量的数据来披露季度经营情况。尽管这种方式能够传达基本信息，但它无法全面而系统地展现公司经营状况的整体变化及其季度波动，且缺乏对经营成果的清晰总结，极大地降低了季度经营信息的信息含量。因此，建议明确要求上市公司采用图表与文字相结合的方式披露季度经营信息。具体而言，图表可以展示主要经营数据，如总共生产了多少产品、销售了多少产品、各销售渠道的销售情况、新增门店数量以及主要经销商的变动情况等。而文字则应补充对经营环境、市场动态及公司策略调整等因素的详细阐述。这种格式能够更有效地帮助信息使用者快速查阅与理解公司的经营状况及其变化趋势，增强信息的透明度。此外，统一的披露格式有助于跨公司对比，便于投资者与监管机构在不同公司之间进行有效的业绩对比与分析，进一步提升资本市场信息的有效性。

第二，规范季度经营信息的具体披露内容。上交所在已发布的行业信息披露指引中，虽然概括性地要求上市公司披露主要季度经营数据，但由于对披露内容的具体要求不够明确，导致部分上市公司存在选择性披露或模糊性披露的现象，进而极大地降低了季度经营信息的信息含量。为了提升信息披露的完整性和一致性，建议进一步明确信息披露指引中应披露的具体内容和范围，确保季度经营信息的披露具有一定的深度和广度。一方面，上市公司应当总括性地披露整体的经营业绩；另一方面，对于重要性较高或关键性的业务板块，应要求上市公司进行单项列示。此外，还应确保披露内容具有时效性和连贯性，避免信息片面或滞后，从而更全面地反映公司的经营状况，帮助外部信息使用者进行准确的分析与决策。通过进一步规范季度经营信息的具体披露内容，可以提高信息的透明度、可信度以及市场的效率，促使上市公司更加注重其披露的季度经营信息的质量，最终提升资本市场的整体效能。

第三，规范季度经营信息的披露方式。目前，上交所在已发布的行业信息披露指引中尚未对季度经营信息应通过何种渠道或文件进行披露作出统一规定，导致实践中存在较大的披露方式差异。部分上市公司通过定期发布临时公告的形式披露季度或月份经营数据；也存在部分上市公司在季度财务报告中增设主要经营数据部分用以披露季度经营信息。不同的披露渠道和形式不仅使得季度经营信息的披露缺乏统一性，而且增加了信息使用者查找、获取和整理季度经营信息的成本，影响了分析效率与结果的可比性。考虑到季度经营信息具有较强的即时性和业务导向性，其披露目的更侧重于帮助信息使用者了解公司经营动态，而非构成完整财务信息体系的一部分。因此，相较于在季度财务报表中披露经营信息，更建议监管机构推动上市公司以独立公告的形式披露季度经营数据。通过单独发布、标准模板化披露，既可提升信息的时效性与可读性，也有助于增强不同公司间季度经营信息的横向可比性，减轻投资者信息处理负担，强化监管跟踪效率。

第四，督促上市公司披露季度经营信息。尽管上交所在已发布的行业信息披露指引中已表明，当上市公司受制于客观原因难以遵循信息披露指引的要求披露相关信息时，可以选择不进行披露，但需在定期或临时报告中予以解释并进行特别提示。事实上，部分应披露季度经营信息的上市公司既没有遵循适用的行业信息披露指引的要求定期披露季度经营信息，又没有在季度财务报告或定期通过临时公告的方式解释未披露的理由并进行特别提示，削弱了信息披露制度的执行力。为保障季度经营信息披露政策的有效落实，建议监管机构建立常态化的披露情况统计与通报机制，定期核查上市公司季度经营信息的披露执行情况。对因客观原因未能披露的企业，应督促其在定期报告或临时公告中说明原因并作出显著提示；对无正当理由拒绝披露的企业，应依法依规采取约谈、警示甚至行政处罚等措施，并通过交易所网站向市场发布上市公司季度经营信息披露违规情况，提醒投资者注意潜在风险，从而增强制度执行约束力，推动信息披露要求的全面贯彻。

7.2.2 信息使用者应关注季度经营信息

上市公司定期披露的经营信息通常具有可核验性强、表述具体、易于理解等特点，不仅便于信息使用者理解和把握公司的基本经营状况，而且也为其动态跟踪企业运营情况、评估企业发展潜力提供了有力支撑。从披露频率来看，季度性经营信息具有连续性和时效性，可作为识别企业经营异常波动的重要信号来源。同时，季度经营信息与季度、年度财务报表数据之间存在勾稽关系，信息使用者可通过交叉验证手段发现信息披露中的潜在矛盾与重大差异，从而提高识别上市公司信息操纵行为的能力。尽管季度经营信息披露制度在设计上旨在提升上市公司信息透明度、强化对管理层机会主义行为的约束，但其实际治理效果在很大程度上取决于信息使用者的关注程度和监督能力。如果外部信息使用者未能充分关注并利用上市公司披露的季度经营信息，将弱化季度经营信息披露制度应有的外部监督功能。相反，外部信息使用者对季度经营信息的关注度越高，通过数据比对、趋势识别等方式及时察觉公司财务信息异常的可能性就越大，从而提高管理层机会主义行为被揭示的可能性。畏于披露违规招致的民事诉讼、监管处罚和潜在声誉损失，管理层提升财务信息质量、规范信息披露行为的动机将相应增强。因此，为进一步提升季度经营信息披露制度的实施成效,建议各类外部信息使用者积极参与季度经营信息的跟踪与监督。

具体而言,审计师作为保障资本市场信息质量的重要守门人,应在季度经营信息披露制度推进过程中发挥更积极的作用。首先,审计师可以强化季度经营信息在审计风险评估过程中的应用。审计师通过将客户公司按季度披露的产销量、渠道结构、运营趋势等数据作为了解经营情况的重要信息来源,结合收入类、成本类等财务报表项目进行交叉验证,有助于及时发现财务业绩波动与经营数据之间的勾稽异常,从而更精准地识别潜在重大错报领域并合理配置审计资源。其次,审计师可以在质量控制程序阶段系统性核查客户季度经营信息披露的完整性、一致性与可核性。对于披露明显缺失、模糊或频繁变更口径的客户,应引起审计师对管理层诚信的警觉,并记录在审计工作底稿中,必要时还可就该事项与管理层沟通,促使企业改善披露规范。最后,对于信息披露质量明显不足、可能影响投资者决策的信息风险,审计师应当在管理层沟通、审计委员会报告中提出改善建议,强化审计师的治理建议职能。机构投资者作为专业投资主体,具备较强的信息处理能力和资源优势,不仅可以在投资决策中将上市公司披露的季度经营信息纳入尽职调查体系中,还可以通过与公司管理层的沟通机制提升季度经营信息披露的透明度。在业绩说明会、电话会议及投资者调研中,机构投资者可以围绕季度经营信息主动提问,要求管理层解释关键经营指标的变化原因,明确其对未来业绩表现的影响路径,促使管理层在季度经营信息披露的过程中更加透明、严谨。对于持股比例较高的机构投资者,还可借助股东大会或董事会提案机制,督促公司规范季度经营信息的披露行为。分析师作为资本市场中的重要信息中介,在连接上市公司与广大投资者之间发挥着重要作用。其研究报告不仅影响市场预期和投资判断,也在一定程度上引导公司信息披露行为的规范化和透明化。分析师可通过增强对季度经营信息的使用意愿与分析深度,倒逼上市公司提升披露质量。将季度产销量、渠道结构、门店变动等关键经营数据纳入盈利预测、估值建模与趋势判断,不仅可提升研究结论的稳健性,也释放出市场高度关注该类信息的信号,促使公司在后续披露中更加审慎和规范。分析师还可在研究报告中从披露是否完整、是否具有可比性、是否存在口径变动等方面,对季度经营信息披露质量进行简要评估,并在风险提示部分明确指出披露不足可能导致的分析偏误,从而形成市场层面的声誉约束。此外,分析师还可通过发布评级报告、参与路演或业绩说明会等方式,对公司管理层提出针对性问题,围绕季度经营数据的可解释性与一致性展开互动,提升公司披露质量的外部监督压力。中小投资者作为资本市场中最广泛的信息使用者,理应在季度经营信息披露制度的落实过程中获得更多支持,以提升其监督效能并更充分地参与市场治理。一是加强中小投资者对季度经营信息使用意识的培育。监管机构和交易所可通过投资者教育平台、线上专题讲座、典型案例分析等方式,提高投资者对季度经营信息在理解公司经营趋势、识别信息操纵方面重要性的认识,帮助其掌握基础的对比分析方法,增强其独立判断能力。二是鼓励中小投资者借助专业服务平台和投资者组织提升信息监督能力。中小投资者可通过关注第三方财经平台、使用分析工具等方式获取结构化的季度经营数据,识别潜在异常披露行为。同时,监管机构应推动投资者协会、股东维权组织等在季度经营信息的监督中发挥桥梁作用,建立针对季度经营信息披露质量异常公司的信息共享和舆情反馈机制,放大中小投资者集体监督效能。三是完善制度保障,提升中小投资者对季度经营信息的可得性与维权能力。建议监管者督促上市公司通过图表化、结构化方式披露季度经营信息,提高信息可读性与可比性。同时探索设置季度经营信息披露违规的特别提示机制,对披露缺失、异常变更的公司强制提示风险。此外,应完善针对季度经营信息披露违规的举报奖励与维权机制,保障中小投资者在信息失真情况下的知情权与追责权。

7.2.3 上市公司应主动提升季度经营信息披露质量

季度经营信息披露不仅是公司履行监管合规义务的基本要求,更是上市公司主动强化信息透明度、建立资本市场信任、实现良性市值管理的重要手段。高质量、规范化的季度经营信息披露,有助于公司与投资者、分析师、媒体等多元市场主体之间建立稳定、清晰的沟通渠道,从而提升外部信息使用者对公司经营状况的理解与信任,降低信息不对称引发的估值偏差与风险溢价。同时,真实、及时的经营信息披露还可强化资本市场对公司治理水平的认可,提升公司在资本市场中的声誉与影响力,为未来获取外部资金支持奠定良好条件。因此,公司应积极转变信息披露观念,从"被动合规"转向

"主动沟通",切实提高对季度经营信息披露工作的重视程度,持续提升披露质量,在完善自我治理的同时,助力资本市场健康发展,具体措施如下。

一是建立内部信息披露协调机制。公司在董事会的领导下,由董事会秘书牵头设立季度经营信息披露小组,联合财务部门、运营部门、投资者关系部门协同整理季度经营信息数据,确保信息来源一致、披露口径统一、表述逻辑清晰,避免因各部门之间沟通不畅而导致的季度经营信息披露内容零散、重复或矛盾。二是完善经营数据内部审查机制。公司可以建立季度经营信息内部复核制度,在信息对外披露前,由相关负责人对关键经营数据进行核实与逻辑交叉检验,增强对外披露的季度经营信息的准确性与可靠性。三是强化季度经营信息披露的前瞻性与解释性。在合规披露季度经营信息的基础上,公司可以适当提供对经营波动的简要分析说明,特别是对销售变化、新业务拓展、市场格局调整等信息的适度解读,有助于市场理性预期的形成,并减少误读和波动。四是建立披露质量评价与反馈机制。公司可以建立季度经营信息披露质量跟踪机制,收集投资者、分析师等市场参与者对季度经营信息披露的反馈意见,定期评估披露内容的完整性、针对性和市场理解度等信息质量特征,并持续优化经营信息的呈现方式和内容结构。五是利用数字技术控制季度经营信息披露成本。建议公司在确保季度经营信息披露质量的前提下,积极引入数字化工具和信息化管理系统,提升数据采集、处理、汇总和报送的自动化水平,减少人工操作和多部门间重复沟通。通过优化数据接口、标准化报表模板、整合信息资源,降低季度经营信息披露的人力、时间和财务成本,实现季度经营信息披露质量、效率与成本的平衡。

参考文献

[1] 白羽. 上市公司审计委员会的有效性研究——基于审计收费角度的考察 [J]. 财贸研究, 2007 (1): 127-133.

[2] 白云霞, 陈华, 黄志忠. 法制环境、审计质量与IPO首日回报——来自国有IPO公司的证据 [J]. 审计研究, 2009 (3): 67-73.

[3] 边泓, 贾婧, 张君子. 会计盈余激进度反转对盈余持续性的影响研究 [J]. 会计与经济研究, 2016 (2): 34-53.

[4] 步丹璐, 屠长文. 外资持股、制度环境与审计质量 [J]. 审计研究, 2017 (4): 65-72.

[5] 蔡春, 黄昊, 赵玲. 高铁开通降低审计延迟的效果及机制研究 [J]. 会计研究, 2019 (6): 72-78.

[6] 蔡春, 谢柳芳, 马克哪呐. 高管审计背景、盈余管理与异常审计收费 [J]. 会计研究, 2015 (3): 72-78.

[7] 陈关亭, 朱松, 王思敏. 卖空机制与审计师选择——基于融资融券制度的证据 [J]. 审计研究, 2019 (5): 68-76.

[8] 陈丽红, 张龙平. 行业专门化、客户重要性与审计质量 [J]. 财经论丛, 2010 (6): 69-76.

[9] 陈丽蓉, 邓利彬, 郑国洪, 等. 资本市场开放、产品市场竞争与审计师选择——基于双重制度压力视角的实证研究 [J]. 审计研究, 2021 (1): 83-93.

[10] 陈丽英, 李婉丽. 企业会选择与竞争对手共享审计师吗?——基于经营范围相似度的分析 [J]. 财经研究, 2017 (3): 69-80.

[11] 陈宋生, 田至立. 往期审计风险的定价作用与传导机理 [J]. 审计

研究，2019（1）：64-71.

[12] 陈蔚恒，李呆. 深市公司执行行业信息披露指引情况研究 [J]. 证券市场导报，2018（11）：60-65.

[13] 陈小林，张雪华，闫焕民. 事务所转制、审计师个人特征与会计稳健性 [J]. 会计研究，2016（6）：77-85.

[14] 陈小林. 制度环境与审计独立性——来自中国证券市场的经验证据 [M]. 大连：东北财经大学出版社，2007.

[15] 陈毓圭. 对风险导向审计方法的由来及其发展的认识 [J]. 会计研究，2004（2）：58-63.

[16] 陈运森，邓祎璐，李哲. 非行政处罚性监管能改进审计质量吗？——基于财务报告问询函的证据 [J]. 审计研究，2018（5）：82-88.

[17] 陈智，徐泓. 审计师行业专长、品牌声誉与审计费用 [J]. 山西财经大学学报，2013（7）：114-124.

[18] 程博，宣扬，潘飞. 国有企业党组织治理的信号传递效应——基于审计师选择的分析 [J]. 财经研究，2017（3）：69-80.

[19] 戴捷敏，方红星. 控制风险、风险溢价与审计收费——来自深市上市公司2007年年报的经验证据 [J]. 审计与经济研究，2010（3）：46-53.

[20] 戴亦一，潘越，陈芬. 媒体监督、政府质量与审计师变更 [J]. 会计研究，2013（10）：89-95.

[21] 翟胜宝，许浩然，刘耀淞，等. 控股股东股权质押与审计师风险应对 [J]. 管理世界，2017（10）：51-65.

[22] 董小红，孙文祥. 企业金融化、内部控制与审计质量 [J]. 审计与经济研究，2021（1）：26-36.

[23] 杜兴强，谭雪. 董事会国际化与审计师选择：来自中国资本市场的经验证据 [J]. 审计研究，2016（3）：98-104.

[24] 方红星，张勇，王平. 法制环境、供应链集中度与企业会计信息可比性 [J]. 会计研究，2017（7）：33-40.

[25] 龚启辉，吴联生，王亚平. 政府控制与审计师选择 [J]. 审计研究，2012（5）：42-50.

[26] 郭飞，原盼盼，周建伟，等. 金融衍生品复杂性影响审计费用

吗？——来自我国上市银行的实证研究［J］．会计研究，2018（7）：72-78．

［27］何威风，刘巍．企业管理者能力与审计收费［J］．会计研究，2015（1）：82-89．

［28］黄昊，赵玲．分行业信息披露、同侪压力与企业税收遵从——基于准自然实验的研究［J］．当代财经，2021（5）：40-51．

［29］黄溶冰．企业漂绿行为影响审计师决策吗？［J］．审计研究，2020（3）：57-67．

［30］黄新建，张会．地区环境、政治关联与审计师选择——来自中国民营上市公司的经验证据［J］．审计与经济研究，2011（3）：44-52．

［31］雷光勇，范蕾．市场化程度、内部人侵占与审计监督［J］．财贸经济，2009（5）：61-67．

［32］雷光勇，李书锋，王秀娟．政治关联、审计师选择与公司价值［J］．管理世界，2009（7）：145-155．

［33］李春涛，宋敏，张璇．分析师跟踪与企业盈余管理——来自中国上市公司的证据［J］．金融研究，2014（7）：124-139．

［34］李江涛，宋华杨，邓迦予．会计师事务所转制政策对审计定价的影响［J］．审计研究，2013（2）：99-105．

［35］李明辉．代理成本与审计师选择——基于中国IPO公司的研究［J］．财经研究，2006（4）：31-102．

［36］李培功，陈秀婷，汶海．社会规范、企业环境影响与审计收费惩戒——来自我国上市公司的经验证据［J］．审计研究，2018（4）：95-102．

［37］李莎，林东杰，王彦超．公司战略变化与审计收费——基于年报文本相似度的经验证据［J］．审计研究，2019（6）：105-112．

［38］李伟，韩晓梅，吴联生．审计投入的产出效应［J］．会计研究，2018（3）：71-77．

［39］李晓，张家慧，王彦超．分行业信息披露监管对审计师的溢出效应——基于行业信息披露指引发布的证据［J］．审计研究，2022（5）：95-105．

［40］梁上坤．媒体关注、信息环境与公司费用粘性［J］．中国工业经济，2017（2）：154-173．

[41] 林钟高, 郑军, 卜继栓. 环境不确定性、内部控制与审计收费 [J]. 财务研究, 2015 (4): 44-56.

[42] 刘斌, 叶建中, 廖莹毅. 我国上市公司审计收费影响因素的实证研究——深沪市 2010 年报的经验证据 [J]. 审计研究, 2013 (1): 44-47.

[43] 刘成立, 高永昌. 关键事项审计报告准则与审计收费 [J]. 财会月刊, 2020 (8): 73-80.

[44] 刘明辉, 胡波. 公司治理、代理成本与审计定价——基于 2001—2003 年我国 A 股上市公司的实证研究 [J]. 财经问题研究, 2006 (2): 72-79.

[45] 刘启亮, 陈汉文. 特殊普通合伙制、政府控制与审计师选择 [J]. 财会通讯, 2012 (24): 27-32.

[46] 刘启亮, 李蕙, 赵超, 等. 媒体负面报道、诉讼风险与审计费用 [J]. 会计研究, 2014 (6): 81-88.

[47] 刘启亮, 李祎, 张建平. 媒体负面报道、诉讼风险与审计契约稳定性——基于外部治理视角的研究 [J]. 管理世界, 2013 (11): 144-154.

[48] 刘笑霞. 审计师惩戒与审计定价——基于中国证监会 2008~2010 年行政处罚案的研究 [J]. 审计研究, 2013 (2): 90-98.

[49] 刘行健, 王开田. 会计师事务所转制对审计质量有影响吗？ [J]. 会计研究, 2014 (4): 88-94.

[50] 刘艳霞, 祁怀锦, 于瑶. 融资融券制度的审计治理效应——基于签字注册会计师同期兼职行为的视角 [J]. 财经问题研究, 2020 (10): 99-107.

[51] 刘珍瑜, 刘浩. 季度经营信息披露与会计信息质量提升——基于监管创新的信息间作用研究 [J]. 财经研究, 2021 (4): 139-153.

[52] 卢太平, 张东旭. 融资需求、融资约束与盈余管理 [J]. 会计研究, 2014 (1): 35-41.

[53] 罗长远, 季心宇. 融资约束下的企业出口和研发："鱼"与"熊掌"不可得兼？ [J]. 金融研究, 2015 (9): 140-158.

[54] 吕敏康, 冯丽丽. 媒体报道、职业能力异质性与审计质量 [J]. 审计研究, 2017 (3): 74-81.

[55] 吕越, 陆毅, 吴嵩博, 等. "一带一路"倡议的对外投资促进效应——基于 2005—2016 年中国企业绿地投资的双重差分检验 [J]. 经济研

究，2019（9）：187-202.

[56] 马勇，王满，马影，等. 非国有大股东影响国企审计师选择吗？[J]. 审计与经济研究，2019（2）：19-30.

[57] 米莉，黄婧，何丽娜. 证券交易所非处罚性监管会影响审计师定价决策吗？——基于问询函的经验证据 [J]. 审计与经济研究，2019（4）：57-65.

[58] 倪慧萍，王跃堂. 大股东持股比例、股权制衡与审计师选择 [J]. 南京社会科学，2012（7）：30-36.

[59] 倪小雅，戴德明，张东旭. 股权激励与审计收费——来自中国的经验证据 [J]. 审计研究，2017（1）：69-77.

[60] 彭雯，张立民，钟凯. 会计师事务所国际化与审计收费 [J]. 审计研究，2020（1）：59-67.

[61] 齐鲁光，韩传模. 客户产权差异、审计收费和审计质量关系研究——基于风险导向审计理论 [J]. 审计研究，2016（2）：66-73.

[62] 钱爱民，朱大鹏，郁智. 上市公司被处罚会牵连未受罚审计师吗？[J]. 审计研究，2018（3）：63-70.

[63] 邱学文，吴群. 现代风险导向下重大错报风险与审计定价 [J]. 中国工业经济，2010（11）：149-158.

[64] 冉明东，王艳艳，杨海霞. 受罚审计师的传染效应研究 [J]. 会计研究，2016（12）：85-91.

[65] 施先旺，李志刚，刘拯. 分析师预测与上市公司审计收费研究——基于信息不对称理论的视角 [J]. 审计与经济研究，2015（3）：39-48.

[66] 宋衍蘅. 审计风险、审计定价与相对谈判能力——以受监管部门处罚或调查的公司为例 [J]. 会计研究，2011（2）：79-84.

[67] 孙铮，于旭辉. 分权于会计师事务所选择——来自我国国有上市公司的数据 [J]. 审计研究，2007（6）：52-58.

[68] 唐玮，陈思，周畅，等. 女性董事长与公司审计师选择——基于中国资本市场的经验证据 [J]. 经济管理，2021（6）：173-189.

[69] 田高良，张睿，司毅，等. 交叉上市、双重审计对境内审计费用和审计质量的影响——基于我国A+H股的经验证据 [J]. 审计与经济研究，

2017 (3): 24-34.

[70] 万红波, 贾韵琪. 母子公司地理距离对审计质量影响研究——基于内部控制的中介作用 [J]. 审计与经济研究, 2018 (2): 50-59.

[71] 王兵, 杜杨, 吕梦. 董事的会计师事务所经历与审计师选择 [J]. 审计与经济研究, 2019 (3): 52-59.

[72] 王兵, 辛清泉, 杨德明. 审计师声誉影响股票定价吗——来自 IPO 定价市场化的证据 [J]. 会计研究, 2009 (11): 73-81.

[73] 王克敏, 王华杰, 李栋栋, 等. 年报文本信息复杂性与管理者自利——来自中国上市公司的证据 [J]. 管理世界, 2018 (12): 120-132.

[74] 王兰芳, 王悦, 侯青川. 法制环境、研发"粉饰"行为与绩效 [J]. 南开管理评论, 2019 (2): 128-141.

[75] 王猛, 谭丽莎. AH 股交叉上市与审计师谨慎性: 基于审计意见的实证分析 [J]. 财会月刊, 2010 (35): 68-70.

[76] 王昕祎, 童佳. 会计师事务所转制对审计收费的影响 [J]. 时代金融, 2015 (12): 134-135.

[77] 王珣, 戴德明, 闫丽娟. 管理层过度自信、盈余管理与审计收费 [J]. 财会月刊, 2018 (20): 125-133.

[78] 王艳艳, 于李胜, 安然. 非财务信息披露是否能够改善资本市场信息环境? 基于社会责任报告披露的研究 [J]. 金融研究, 2014 (8): 178-191.

[79] 王永海, 石青梅. 内部控制规范体系对公司风险承受是否具有抑制效应?——中国版"萨班斯"法案强制实施的风险后果分析 [J]. 审计研究, 2016 (3): 90-97.

[80] 王裕, 任杰. 独立董事的海外背景、审计师选择与审计意见 [J]. 审计与经济研究, 2016 (4): 40-49.

[81] 吴联生, 刘慧龙. 中国审计实证研究: 1999—2007 [J]. 审计研究, 2008 (2): 36-46.

[82] 吴倩, 陈露丹, 吕文岱. 签字注册会计师相对年龄效应与审计质量 [J]. 审计研究, 2021 (1): 94-105.

[83] 吴溪, 王春飞, 陆正飞. 独立董事与审计师出自同门是"祸"还是"福"?——独立性与竞争—合作关系之公司治理效应研究 [J]. 管理世界,

2015（9）：137-146.

[84] 吴晓晖，李卿云，杨凤，等．地区腐败、供应链特征与审计师选择 [J]．审计与经济研究，2017（6）：11-21.

[85] 夏冬林．财务会计：基于价值还是基于交易 [J]．会计研究，2006（8）：10-17.

[86] 夏宁，杨硕．异质性机构投资者持股水平与审计收费 [J]．审计研究，2018（2）：72-79.

[87] 肖作平．公司治理影响审计质量吗？——来自中国资本市场的经验证据 [J]．管理世界，2006（7）：22-33.

[88] 谢盛纹，蒋煦涵，闫焕民．高质量审计、管理层权力与代理成本 [J]．当代财经，2015（3）：109-118.

[89] 辛清泉，王兵．交叉上市、国际四大与会计盈余质量 [J]．经济科学，2010（4）：96-110.

[90] 邢立全，陈汉文．产品市场竞争、竞争地位与审计收费——基于代理成本与经营风险的双重考量 [J]．审计研究，2013（3）：50-58.

[91] 邢秋航，韩晓梅．独立董事影响审计师选择吗？——基于董事网络视角的考察 [J]．会计研究，2018（7）：79-85.

[92] 徐会超，潘临，张熙萌．大股东股权质押与审计师选择——来自中国上市公司的经验证据 [J]．中国软科学，2019（8）：135-143.

[93] 徐经长，汪猛．企业创新能够提高审计质量吗？[J]．会计研究，2017（12）：80-86.

[94] 许文静，王君彩．应计盈余管理动机、方向与公司未来业绩——来自沪市A股经验证据 [J]．中央财经大学学报，2018（1）：68-76.

[95] 杨德明，陆明．互联网商业模式会影响上市公司审计费用么？[J]．审计研究，2017（6）：84-90.

[96] 杨华．公司治理、政治关联与审计收费——来自我国A股化工行业上市公司2011~2013年的经验证据 [J]．财政研究，2015（8）：107-112.

[97] 杨明增，张钦成，王子涵．审计报告新准则实施对审计质量的影响研究——基于2016年A+H股上市公司审计的准自然实验证据 [J]．审计研究，2018（5）：74-81.

[98] 易玄，谢志明，樊雅琦．审计信任、合格境外机构投资者及其审计师选择——来自中国资本市场的检验 [J]．审计研究，2016（4）：76-82．

[99] 于连超，张卫国，毕茜．盈余信息质量影响企业创新吗？[J]．现代财经（天津财经大学学报），2018（12）：128-145．

[100] 余应敏，黄静，李哲．业财融合是否降低审计收费？——基于A股上市公司证据 [J]．审计研究，2021（2）：46-55．

[101] 余宇莹，刘启亮．公司治理系统有助于提高审计质量吗？[J]．审计研究，2007（5）：77-83．

[102] 张洪辉，章琳一．高管晋升激励与财务舞弊——来自上市公司的经验证据 [J]．经济管理，2017（4）：176-194．

[103] 张龙平，吕敏康．媒体意见对审计判断的作用机制及影响——基于新闻传播学理论的解释 [J]．审计研究，2014（1）：53-61．

[104] 张龙平，杨钦皓．影子银行业务会引起审计师变更吗？——基于非金融上市公司的经验证据 [J]．海南大学学报（人文社会科学版），2021（4）：177-187．

[105] 张龙平．浅谈我国注册会计师审计质量控制标准的设计 [J]．四川会计，1994（10）：34-36．

[106] 张梅．审计质量与审计师地域性关系影响因素的研究——基于信息不对称程度与政府干预程度的视角 [J]．经济问题，2011（8）：117-120．

[107] 张敏，马黎珺，张胜．供应商—客户关系与审计师选择 [J]．会计研究，2012（12）：81-86．

[108] 张蕊，王洋洋．公司战略影响审计契约吗——基于中国资本市场的经验证据 [J]．审计研究，2019（2）：55-63．

[109] 张昕．中国亏损上市公司第四季度盈余管理的实证研究 [J]．会计研究，2008（4）：25-32．

[110] 赵玲，黄昊．基于同侪压力效应的分行业信息披露与企业费用粘性行为研究 [J]．管理学报，2021（12）：1851-1859．

[111] 郑莉莉，郑建明．制度环境、审计声誉机制与收费溢价 [J]．审计研究，2017（5）：78-86．

[112] 周冬华，方瑄，黄文德．境外投资者与高质量审计需求——来自

沪港通政策实施的证据［J］．审计研究，2018（6）：56-64．

［113］周冬华，赵玉洁．分析师跟进能够降低审计费用吗——来自中国证券市场的经验证据［J］．证券市场导报，2015（1）：13-18．

［114］周楷唐，李英，吴联生．行业专长与审计生产效率［J］．会计研究，2020（9）：105-119．

［115］周兰，耀友福．媒体负面报道、审计师变更与审计质量［J］．审计研究，2015（3）：73-81．

［116］周泽将，宋淑婵．海归高管与审计师选择：代理成本的角色［J］．审计与经济研究，2019（3）：42-51．

［117］周泽将，汪帅．董事会权威性、内部控制和审计质量——新时代背景下国有企业的经验证据［J］．审计研究，2019（5）：95-102．

［118］周中胜，贺超，邵蔚．关键审计事项披露与审计费用［J］．审计研究，2020（6）：68-76．

［119］朱敏，刘拯，施先旺．披露社会责任信息会影响审计收费吗——基于中国上市公司的经验证据［J］．山西财经大学学报，2015（12）：113-124．

［120］朱晓文，王兵．国家审计对注册会计师审计质量与审计收费的影响研究［J］．审计研究，2016（5）：53-62．

［121］祝继高，陆正飞．融资需求、产权性质与股权融资歧视——基于企业上市问题的研究［J］．南开管理评论，2012（4）：141-150．

［122］Ang J S, Cole R A, Lin J W. Agency costs and ownership structure［J］. Journal of Finance, 2000, 55（1）：81-106.

［123］Bandyopadhyay S P, Kao J L. Competition and big-six brand name reputation: evidence from the Ontario municipal audit market［J］. Social Science Electronic Publishing, 2000, 18（1）：27-64.

［124］Barbara A. The influence of litigation risk and internal audit source on reliance decisions［J］. Advances in Accounting, incorporating Advances in International Accounting, 2010, 26（2）：170-176.

［125］Baskerville R, Hay D. The effect of accounting firm mergers on the market for audit services: New Zealand evidence［J］. Abacus, 2006, 42（1）：87-104.

[126] Beatty R. Auditor reputation and pricing of Initial public offering [J]. The Accounting Review, 1989, 64 (4): 693-709.

[127] Beneish M D. Incentives and penalties related to earnings overstatements that violate GAAP [J]. The Accounting Review, 1999, 74 (4): 425-457.

[128] Beyer A, Cohen D A, Lys T Z, Walther B R. The financial reporting environment: Review of the recent literature [J]. Journal of Accounting and Economics, 2010, 50 (2): 293-343.

[129] Blouin J, Grein B M, Rountree B R. An analysis of forced auditor change: the case of former arthur andersen clients [J]. The Accounting Review, 2007, 82 (3): 621-650.

[130] Brown S V, Tian X, Wu J T. The spillover effect of SEC comment letters on qualitative corporate disclosure: evidence from the risk factor disclosure [J]. Contemporary Accounting Research, 2018, 35 (2): 622-656.

[131] Cahan S F, Emanuel D, Sun J. Are the reputations of the large accounting firms really international? evidence from the Andersen Enron affair [J]. Auditing: A Journal of Practice and Theory, 2009, 28 (2): 199-226.

[132] Carey P, Simnett R. Audit partner tenure and audit quality [J]. The Accounting Review, 2006, 81 (3): 653-676.

[133] Chaney P K, Faccio M, Parsley D. The quality of accounting information in politically connected firms [J]. Journal of Accounting and Economics, 2011, 51 (1-2): 58-76.

[134] Chaney P K, Lewis C M. Earnings management and firm valuation under asymmetric information [J]. Journal of Corporate Finance, 1995 (1): 319-450.

[135] Chaney P K, Philipich K L. Shredded reputation: the cost of audit failure [J]. Journal of Accounting Research, 2002, 40 (4): 1221-1245.

[136] Chen F, He S, Ma Z, Stice D. The information role of audit opinions in debt contracting [J]. Journal of Accounting and Economics, 2016, 61 (1): 121-144.

[137] Chen S, Sun Y J, Wu D. Client importance, institutional improve-

ments, and audit quality in China: an office and individual auditor level analysis [J]. The Accounting Review, 2010, 85 (1): 127 – 158.

[138] Choi J, Kim J, Qiu A A, Zang Y. Geographic proximity between auditor and client: how does it impact audit quality? [J]. Auditing: A Journal of Practice and Theory, 2012, 31 (2): 43 – 72.

[139] Choi M S, Zeghal D. The effect of accounting firm mergers on international markets for accounting services-comparison of auditor concentration [J]. Journal of International Accounting, 1999, 8 (1): 1 – 22.

[140] Christensen H B, Hail L, Leuz C. Mandatory CSR and sustainability reporting: economic analysis and literature review [J]. Review of Accounting Studies, 2021, 26 (3): 1 – 73.

[141] Claudiu B. Risks and audit objectives for IT outsourcing [J]. Informatica Economica Journal, 2010, 14 (1): 113 – 118.

[142] Coase R H. The nature of the firm [J]. Economica, 1937, 4 (16): 386 – 405.

[143] Craig C. Making the most of outsourcing relationships [J]. Patient accounts, 2000, 22 (10): 2 – 3.

[144] Craswell A T, Francis J R, Taylor S L. Auditor brand name reputation and industry specializations [J]. Journal of Accounting and Economics, 1995, 20 (3): 297 – 322.

[145] Craswell A, Stokes D J, Laughton J. Auditor independence and fee dependence [J]. Journal of Accounting and Economics, 2002, 33 (1): 253 – 275.

[146] DeAngelo L E. Auditor size and audit quality [J]. Journal of Accounting and Economics, 1981, 3 (3): 183 – 199.

[147] DeFond M, Francis J R. Audit research after Sarbanes-Oxley [J]. Auditing: A Journal of Practice and Theory, 2005, 24 (1): 5 – 30.

[148] Defond M, Zhang J. A review of archival auditing research [J]. Journal of Accounting and Economics, 2014, 58 (2 – 3): 275 – 326.

[149] Dennis C, Diane J, James K. Internal audit outsourcing: an analysis

of self-regulation by the accounting profession [J]. Research in Accounting Regulation, 2007 (19): 3 - 34.

[150] Dennis H C, Michael K. Outsourcing and audit risk for internal audit services [J]. Contemporary Accounting Research, 2000, 17 (3): 384 - 428.

[151] Doyle J T, Ge W L, McVay S. Accruals quality and internal control over financial reporting [J]. The Accounting Review, 2007, 82 (5): 1141 - 1170.

[152] Drake P R, Davies B M. Home care outsourcing strategy [J]. Journal of Health, Organization and Management, 2006, 20 (2 - 3): 175 - 193.

[153] Dye R A. Auditing standards, legal liability, and auditor wealth [J]. Journal of political Economy, 1993, 101 (5): 887 - 914.

[154] Efendi J, Srivastava A, Swanson E P. Why do corporate managers misstate financial statements? the role of option compensation and other factors [J]. Journal of Financial Economics, 2007, 85 (3): 667 - 708.

[155] Fan J P, Wong T J, Kalanjati D S. Do external auditors perform a corporate governance role in emerging markets? evidence from East Asia [J]. Journal of Accounting Research, 2005, 43 (1): 35 - 72.

[156] Ferraz C, Finan F. Electoral accountability and corruption: Evidence from the audits of local government [J]. American Economic Review, 2011, 101 (4): 1274 - 1311.

[157] Ferraz C, Finan F. Exposing corrupt politicians: The effect of Brazil's publicly released audits on electoral outcomes [J]. Quarterly Journal of Economics, 2008, 123 (2): 703 - 745.

[158] Francis B B, Hunter D M, Robinson D M, Y X. Auditor changes and the cost of bank debt [J]. The Accounting Review, 2017, 92 (3): 155 - 184.

[159] Francis J R, Kenneth R, Wang D. The pricing of national and city-specific reputations for industry expertise in the U. S. audit market [J]. The Accounting Review, 2005, 80 (1): 113 - 136.

[160] Francis J R. The effete of audit firm size on audit prices: a study of the Australian market [J]. Journal of Accounting and Economies, 1984 (6): 12 - 23.

[161] Frost C. Outsourcing or increasing risks? [J]. Balance Sheet, 2000, 8 (2): 34 – 37.

[162] Fung S Y, Gul F A, Krishnan J. City-level auditor industry specialization, economies of scale, and audit pricing [J]. The Accounting Review, 2012, 87 (4): 1281 – 1307.

[163] Galanis A, Woodward D G. A greek perspective on the decision to outsource or retain the internal audit function [J]. Journal of Applied Accounting Research, 2006, 8 (1): 1 – 71.

[164] Georges S, Aristodemos Y. Outsourcing the internal audit function: a survey of the UK public and private sectors [J]. International Journal of Auditing, 2000, 4 (3): 213 – 226.

[165] Ghosh A, Tang C Y. Assessing financial reporting quality of family firms: The auditors' perspective [J]. Journal of Accounting and Economics, 2015, 60 (1): 95 – 116.

[166] Gong T. Audit for accountability in China: An incomplete mission [J]. The Australian Journal of Public Administration, 2009, 68 (1): 5 – 16.

[167] Gul F, Wu D, Yang Z. Do individual auditors affect audit quality? evidence from archival data [J]. The Accounting Review, 2013, 88 (6): 1993 – 2023.

[168] Gutierrez E, Minutti-Meza M, Tatum K W, Vulcheva M. Consequences of adopting an expanded auditor's report in the United Kingdom [J]. Review of Accounting Studies, 2018, 23 (4): 1543 – 1587.

[169] Hoffman B W, Drew S R, Justyna S. The impact of client information technology capability on audit pricing [J]. International Journal of Accounting Information Systems, 2018, 29 (6): 59 – 75.

[170] Hogan C E, Wilkins M S. Evidence on the audit risk model: do auditors increase audit fees in the presence of internal control deficiencies? [J]. Contemporary Accounting Research, 2008, 25 (1): 219 – 242.

[171] Hood C. A public management for all seasons? [J]. Public Administration, 1991, 69 (1): 3 – 19.

[172] Hunt A K, Lulseged A. Client importance and non – big 5 auditors' reporting decisions [J]. Journal of Accounting and Public Policy, 2007, 26 (2): 212 – 248.

[173] Ivancevich S H, Zardkoohi A. An exploratory analysis of the 1989 accounting firm mergers [J]. Accounting Horizons, 2000 (11): 389 – 410.

[174] Iyer V M, Iyer G S. Effect of big 8 mergers on audit fess: evidence from the United Kingdom [J]. Auditing: a journal of practice and theory, 1996, 15 (2): 123 – 132.

[175] Jenny G. A comparison of internal audit in the private and public sectors [J]. Managerial Auditing Journal, 2004, 19 (5): 640 – 650.

[176] Jensen M C, Meckling W H. Theory of the firm: managerial behavior, agency costs and ownership structure [J]. Journal of Financial Economics, 1976, 4 (3): 305 – 360.

[177] Jensen M C, Mecling W H. Can the corporation survive? [J]. Social Science Electronic Publishing, 1987 (1): 27 – 64.

[178] Joe J R. Why press coverage of a client influences the audit opinion [J]. Journal of Accounting Research, 2003, 41 (1): 109 – 133.

[179] Johnson L E, Davies S P, Freeman R J. The effect of seasonal variations in auditor workload on local government audit fees and audit delay [J]. Journal of Accounting and Public Policy, 2002, 21 (4): 395 – 422.

[180] Karen V P, Jiang L. Internal audit outsourcing practice and rationales: SME evidence from New Zealand [J]. Asian Review of Accounting, 2008, 16 (3): 219 – 245.

[181] Keerasuntonpong P, Dunstan K, Khanna B. Factors influencing disclosures of statements of service performance of New Zealand local authorities [J]. Pacific Accounting Review, 2015, 27 (3): 304 – 328.

[182] Lang M H, Lins K V, Miller D P. ADRs, analysts, and accuracy: does cross listing in the United States improve a firm's information environment and increase market value? [J]. Journal of Accounting Research, 2003, 41 (2): 317 – 345.

［183］ Liu J, Lin B. Government auditing and corruption control: Evidence from China's provincial panel data ［J］. China Journal of Accounting Research, 2012, 5 (2): 63 – 186.

［184］ Lois M, Jenny S. External auditors' reliance on internal audit: the impact of sourcing arrangements and consulting activities ［J］. Accounting and Finance, 2010, 50 (2): 371 – 387.

［185］ Lyon J D, Maher M W. The importance of business risk in setting audit fees: Evidence from cases of client misconduct ［J］. Journal of Accounting Research, 2005, 43 (1): 133 – 151.

［186］ Ma H, Wang C. On quality control of settlement audit and outsourcing ［J］. Applied Mechanics and Materials, 2014 (556): 6583 – 6586.

［187］ Martin R, Randal J. How is donation behaviour affected by the donations of others? ［J］. Journal of Economic Behavior and Organization, 2009, 67 (1): 228 – 238.

［188］ McMeeking K P. Competition in the UK accounting services market ［J］. Managerial Auditing Journal, 2007, 22 (2): 197 – 217.

［189］ Melo M A, Pereira C, Figueiredo C M. Political and institutional checks on corruption-explaining the performance of Brazilian audit institutions ［J］. Comparative Political Studies, 2009, 42 (9): 1217 – 1244.

［190］ Michael E, Bradbury. Large audit firm premium and audit specialisation in the public sector ［J］. Accounting and Finance, 2017, 57 (3): 657 – 679.

［191］ Min H. Outsourcing freight bill auditing and payment services ［J］. International Journal of Logistics Research and Applications, 2002, 5 (2): 197 – 211.

［192］ Numata S, Takeda F. Stock market reactions to audit failure in Japan: the case of Kanebo and Chuo Aoyama ［J］. The International Journal of Accounting, 2010, 45 (1): 175 – 199.

［193］ Olken B A. Monitoring Corruption: evidence from a field experiment in Indonesia ［J］. Journal of Political Economy, 2007, 115 (2): 200 – 249.

[194] Pereira C, Melo M A, Figueiredo C M. The corruption enhancing role of reelection incentives: Counter-intuitive evidence from Brazil's audit reports [J]. Political Research Quarterly, 2009, 62 (4): 731 - 744.

[195] Peter C, Nava S, Karin C W C. Internal audit outsourcing in Australia [J]. Accounting and Finance, 2006, 46 (1): 11 - 30.

[196] Pittman J A, Fortin S. Auditor choice and the cost of debt capital for newly public firms [J]. Journal of Accounting and Economics, 2004, 37 (1): 113 - 136.

[197] Pong C K M, Burnett S. The implications of merger of market share, audit pricing and non-audit fee income: The case of Price Waterhouse Coopers [J]. Managerial Auditing Journal, 2006, 21 (1): 7 - 22.

[198] Prawitt D F, Sharp N Y, Wood D A. Internal audit outsourcing and the risk of misleading or fraudulent financial reporting: did Sarbanes-Oxley get it wrong? [J]. Contemporary Accounting Research, 2012, 29 (4): 1109 - 1136.

[199] Pun H, Sebastian H H. Outsourcing to suppliers with unknown capabilities [J]. European Journal of Operational Research, 2014, 234 (1): 108 - 118.

[200] Rafael D T, Ernesto S. The role of wages and auditing during a crackdown on corruption in the city of Buenos Aires [J]. Journal of Law and Economics, 2003, 46 (1): 269 - 292.

[201] Raghunandan K, Rama D V. SOX section 404 material weakness disclosures and audit fees [J]. Auditing: A Journal of Practice and Theory, 2006, 25 (1): 99 - 114.

[202] Raman K K, Wilson E R. Governmental audit procurement practices and seasoned bond prices [J]. The Accounting Review, 1994, 69 (4): 517 - 538.

[203] Reynolds J K, Francis J R. Does size matter? the influence of large clients on office-level auditor reporting decisions [J]. Journal of Accounting and Economics, 2001, 30 (1): 375 - 400.

[204] Robert W R. Outsourcing the internal audit function [J]. Journal of

Corporate Accounting and Finance, 1996, 8 (1): 91-95.

[205] Robin A, Wu Q, Zhang H. Auditor Quality and Debt Covenants [J]. Contemporary Accounting Research, 2017, 34 (1): 154-185.

[206] Saito Y, Mcintosh C S. The economic value of auditing and its effectiveness in public school operations [J]. Contemporary Accounting Research, 2010, 27 (2): 639-667.

[207] Sarens G, Lamboglia R. The(mis)fit between the profile of internal auditors and internal audit activities [J]. Accounting and Business Research, 2014, 44 (1): 41-62.

[208] Schelker M, Eichenberger R. Auditors and fiscal policy: empirical evidence on a little big institution [J]. Journal of Comparative Economics, 2010, 38 (4): 357-380.

[209] Shead B. From accounting to accountability: a centenary history of the Australian national audit office [J]. Australian Journal of Public Administration, 2002, 61 (3): 120-121.

[210] Shi G. Does industry-specific information disclosure improve trade credit financing? [J]. China Journal of Accounting Studies, 2022, 10 (2): 203-227.

[211] Simunic D A. The pricing of audit services: theory and evidence [J]. Journal of Accounting Research, 1980 (1): 161-190.

[212] Suleiman D M, Dandago K I. The extent of internal audit functions outsourcing by Nigerian deposit money banks [J]. Procedia-Social and Behavioral Sciences, 2014 (164): 222-229.

[213] Tatiana M, Stefano A, Luca F. Auditing of information technology controls in outsourcing [J]. Managerial Auditing Journal, 2014, 29 (9): 837-862.

[214] Taylor M H, Simon D T. Determinants of audit fees: the importance of litigation, disclosure, and regulatory burdens in audit engagements in 20 countries [J]. The International Journal of Accounting, 1999, 34 (3): 375-388.

[215] Thomas A G, Michele C M. Outsourcing: an operational auditing perspective [J]. Managerial Auditing Journal, 1997, 12 (3): 116-122.

[216] Vining A, Globerman S A. A conceptual framework for understanding the outsourcing decision [J]. European Management Journal, 1999, 17 (6): 645 – 654.

[217] Wang Q, Wong T, Xia L. State ownership, the institutional environment, and auditor choice: Evidence from China [J]. Journal of Accounting and Economics, 2008, 46 (1): 112 – 134.

[218] Wang Y, Yu L, Zhao Y. The association between audit-partner quality and engagement quality: evidence from financial report misstatements [J]. Auditing: A Journal of Practice and Theory, 2015, 34 (3): 81 – 111.

[219] Ward D D, Elder R, Kattelus S C. Further evidence on the determinants of municipal audit fees [J]. The Accounting Review, 1994, 69 (2): 399 – 411.

[220] Wei J, Zhang R, Liu J, Li J, Niu X, Yao Y. Dynamic data integrity auditing for secure outsourcing in the cloud [J]. Concurrency and Computation: Practice and Experience, 2017, 29 (12): 626 – 634.

[221] Williamson O E. The modern corporation: origins, evolution, attributes [J]. Journal of Economic Literature, 1981, 19 (4): 1537 – 1568.

[222] Williamson O E. Transaction-cost economics: the governance of contractual relations [J]. Journal of Law and Economics, 1975, 22 (2): 230 – 256.

[223] Xiao J Z, Yang S, Zhang X, Michael F. Institutional arrangements and government audit independence in China [J]. A Journal of Accounting, Finance and Business Studies, 2016, 52 (3): 532 – 567.

[224] Yan Z, Hu H, Ahn G, Stephen S Y. Efficient audit service outsourcing for data integrity in clouds [J]. The Journal of Systems and Software, 2012, 85 (5): 1083 – 1095.